सीताकांत म

जन्म : सन् 1937, ओडिशा में। उत्कल,
में शिक्षा।

1975-77 में होमी भाभा फ़ेलोशिप पाकर स विज्ञान में डॉक्टरेट की उपाधि। 1961 से भारतीय प्रशासनिक सेवा से सम्बद्ध रहे। ओडिशा सरकार तथा केन्द्र सरकार में विभिन्न पदों पर कार्यरत रहे तो यूनेस्को में भी काम किया।

प्रमुख कृतियाँ : अब तक ओड़िया भाषा में सत्रह काव्य-संग्रह तथा आलोचनात्मक निबन्धों के छह संग्रह प्रकाशित। अधिकांश रचनाएँ अन्य भारतीय भाषाओं के अलावा अंग्रेज़ी, स्पेनिश, फ्रेंच, जर्मन, रूसी, स्वीडिश आदि विदेशी भाषाओं में अनूदित व प्रकाशित।

राष्ट्रपति द्वारा 'पद्मभूषण' एवं 'पद्मविभूषण' से अलंकृत। 1993 के 'ज्ञानपीठ पुरस्कार' के अलावा 'कबीर सम्मान', 'केन्द्रीय साहित्य अकादेमी पुरस्कार', 'सारला पुरस्कार', 'कुमारन आशन पोयट्री पुरस्कार', 'ओडिशा साहित्य अकादेमी पुरस्कार', 'सोवियत लैंड नेहरू पुरस्कार', 'विषुव सम्मान' सहित अनेक पुरस्कारों से सम्मानित।

वर्षा की सुबह

सीताकांत महापात्र

अनुवाद
राजेंद्रप्रसाद मिश्र

राजकमल पेपरबैक्स

पहला पुस्तकालय संस्करण
राजकमल प्रकाशन प्राइवेट लिमिटेड द्वारा
1995 में प्रकाशित

राजकमल पेपरबैक्स में
पहला संस्करण : 2021

राजकमल पेपरबैक्स : उत्कृष्ट साहित्य के जनसुलभ संस्करण

राजकमल प्रकाशन प्रा.लि.
1-बी, नेताजी सुभाष मार्ग, दरियागंज
नई दिल्ली-110 002
द्वारा प्रकाशित

शाखाएँ : अशोक राजपथ, साइंस कॉलेज के सामने, पटना-800 006
पहली मंजिल, दरबारी बिल्डिंग, महात्मा गांधी मार्ग, प्रयागराज-211 001
36-ए, शेक्सपियर सरणी, कोलकाता-700 017

वेबसाइट : www.rajkamalprakashan.com
ई-मेल : info@rajkamalprakashan.com

बी.के. ऑफसेट
नवीन शाहदरा, दिल्ली-110 032
द्वारा मुद्रित

मूल्य : ₹175

VARSHA KI SUBAHA
Poems by Sitakant Mahapatra
Translated by Rajendra Prasad Mishra

ISBN : 978-93-92757-49-5

अनुक्रम

आकाश

पेड़-पौधों, गाँव-द्वार से बना है
जो नील दिगंत सुदूर,
उसी पर कभी एक थके-हारे पथिक-सा
कभी उतावले प्रेमी-सा
झुका होता है जो
उसी का नाम है आकाश।

गहरे खेत के एकाकी ताड़ वृक्ष को
इतनी सुंदर शून्यता के प्रेम में
बाँधे रखता है जो
माँ यशोदा बन
बाल कृष्ण को
भींचकर अपनी गोद में
उसी अनभूली स्नेहमयी
विभूति का नाम है आकाश।

सन्‌सन्‌ शून्य छाती पर
अकेले घर लौटते निर्जन
कतार के कतार, झुंड के झुंड
पक्षियों को उड़ा देता है,
हँसाता है, रिझाता है, नचाता है
रंग-बिरंगे बादलों को,
पल में घुप्प काले बादलों की छाया में

, नचाता है मोरों को, रुलाता है प्रेमियों को
सिंदूर के टीप-सा थाप देता है
सारे सृष्टि के जनक सूर्यदेव को,
ब्रह्मचारी के ललाट पर चंदन के टीक-सा
पूनो के चाँद को,
राह छोड़ देता है
चौतरफा अधीर हवा के लिए
उसी सज्जन जादूगर का नाम है आकाश।

हर जगह होता है–
सैकड़ों जलघटों में, गोष्पद सलिल में
निर्जन सिंधु में, झिलमिल ओस की बूँदों में
हालाँकि कब नहीं था–कहाँ नहीं होता
उसी अंतिम अनुपस्थिति का नाम तो है आकाश।

कार्य और कारण का,
जनम और मरण का क्रीतदास,
पग-पग पर हँसी-रुलाई,
हानि-लाभ कर्मवश
देखता हूँ मैं शून्यता को
और पूछता हूँ,
आत्माराम, शून्यमय ओ निरंजन
बनूँगा नहीं क्या मैं कभी आकाश ?

दिन

यह खिलखिलाकर हँसता
मुखरित होता सबेरा, यह दिन
अब धीरे-धीरे मुरझा जाएगा,
झर जाएगा अँधेरे की गोद में
जैसे हर दिन मुरझा जाता है, झर जाता है
बह जाएगा, जहाँ बह जाता है हर दिन।

उसके बाद रात में जागते पहरेदार,
तारे और झींगुर
संशय और अज्ञानता से मुक्ति चाहते
जुगनू की व्यथित गुहारें।

बीत जाता है दिन
ले जाता है साथ सबको
पिता, भाई, पति, पत्नी, घर, पेड़
खिलौने, गुस्सा, अभिमान, खीझ
थकान और हताशा को
ले जाता है
सपने, दुःख, भूख, अप्राप्ति
पाप, पुण्य, लाभ, लोभ, क्षोभ, घुटन को।

जाता है, चला जाता है दिन
डूबते सूर्य के साथ,
खो जाता है

घर लौटती चिड़ियों के पंखों में,
चुप हो जाता, तिठक जाता है
हवा की वोझिल साँसों में,
हाथ बढ़ाने पर
फिर छुआ नहीं जाता उसको
उसके धीमे प्रकाश और
स्पष्ट शुभ्रता को।

अँधेरा बढ़ने पर हम नहीं होते
पूरे आकाश में लाखों तारे दीप जलाकर
सोये होते हैं असहाय-से इधर-उधर
एक दूसरी दुनिया में
पशु-पक्षी, स्थावर, जंगम
ईश्वर, मानव, द्रुम, कीट, विहंग।

फिर होता है सबेरा
लाल टहटह होंठ तुतला सबेरा
दूसरी दुनिया से लौटते सभी को
फिर से, सैकड़ों करोड़ों बार तलाश लेता है
सभी अपनी-अपनी जगह होते हैं पूर्ववत्
रास्ता किनारे पेड़, पेड़ की डाल पर चिड़िया का घोंसला
चिड़िया के घोंसले में कलरव
कलरव में दुःख-शोक भूलकर
कृतज्ञता, प्रार्थनाएँ और मिन्नतें।

तलाश लेता है
उसी दूसरी दुनिया से लौट रहे तुम्हें
तुम्हारी थकान, सपनों, सिसकियों और निर्जनता को
खोयी हुई माया, खुल गई वेणी
खोये हुए कनफूल, मौन पड़े शब्दों को।

तलाश लेता है मुझे
मेरा पिछला दिन, पिछले जन्म का शोक

नए आनंद, नई पीड़ा के सा-रे गा-मा
नए सपनों की शब्दलिपि को
क्रमशः खुल रहे विस्मय की
शुभ्र ज्योतिरेखा को।

वर्षा की सुबह

आया है वर्षा-काल
घन बरसता लगातार
बज रही दुंदुभि बादलों की
काँप उठी है सुबह।

लग-लगकर कोमल अँगुलियाँ
बारंबार वर्षा की
मिट चुके हैं सफ़ेद अक्षर कई
फाटक की नीले नामपट्ट से।

भीगा हुआ जाता है स्कूल बालक एकाकी,
पर बंद हैं किवाड़ खिड़कियाँ सारी
राह किनारे सभी घरों की
मानो नहीं है कोई
उस गाँव में अनंतकाल से
हो गए हों तितर-बितर सभी
भय से वर्षा के
सुन पड़ता है प्रहार वज्र का
घुप्प काले बादलों के लोहारख़ाने से।

सोया है घर में कौन ?
उदास माँ-बाप ? निश्चिंत समय ?
गाढ़ी काली मृत्यु का भय ?
देख घटा मोर की तरह हैं अधीर

मृत्यु और बालक के मन।

खत्म हुई छुट्टियाँ बालक की
आ पहुँची घड़ी यह समझने की
चुक जाते हैं सुख सारे कभी न कभी
आई है वर्षा अब
मृत्यु है लंबी छुट्टी पर
दूर परदेस में,
विरही जीवन चाहता है खो जाना चुपके से
बादलों के शुभ्र मल्हार करुण राग में।

आ जाता है खुद ही पकड़ में स्वप्न
राह भूली तितली-सा,
एकाकी बदरारी लग्न में
कुछ सोच उठ खड़ी होती हो तुम
करती हो इस्त्री पोशाक मेरी
टाँग देती हो उसे
(मानो अगले जन्म के लिए)
वहाँ अरघनी पर
लगती है जो
किसी धुले-उजले कंकाल-सी।

बिना हमारी मदद के

कभी-कभी समय के द्वार और खिड़की
सहसा खुल जाते हैं अप्रत्याशित
न जाने किस अनुपस्थित
अनजान हवा के झोंके से,
अनजाने का हाथ बढ़ आता है
परछाईं की तरह दूर दिगंत से
छू जाता है मेरी स्थिति को बड़े स्नेह से।

देखता हूँ उसके हाथ में
लिपिबद्ध हैं कई वायदों के चिह्न
स्नेह प्रेम करुणा के असंख्य विराम-चिह्न
नई योजनाओं और नई भावनाओं की
चित्रांकन की तमाम रूपरेखाएँ असंख्य मूर्तियाँ।

जी कहता है
करना होगा आविष्कार फिर एक बार,
काँटे और झाड़ियाँ लाँघ,
अनजाने और अद्भुत भूगोल का,
आकाश, समुद्र, तारे, नदी, वन, फूल
मृत्यु, सपने, यंत्रणाओं के
तमाम रास्ते पार कर,
खलिहान लाएँगे ढोकर स्मृति-फसल।

दिगंत का पाट लाँघ
आता है अपूर्व प्रकाश

समय का शुभ्र दमकता चेहरा दिखता है
सामने उस दिन के उज्ज्वल मुँह में
जो खड़ा है मौनी बाबा-सा
कमरे में मेरे सामने
अपनी इच्छा का गुलाम है
बिना किसी की मदद के।

ऐसा तो हमेशा होता रहा है हर युग में
समय ही सब कर जाता है
बिना हमारी मदद के
पेड़ों पर फूल खिलाकर, पत्ते गिराकर
हँसाता है कलियों और चिड़ियों को
फिर मार डालता है,
नीरवता से, अँधेरे से भर देता है
समग्र आकाश कभी,
दौड़ जाता है चारों ओर–
प्रस्थान और विदाई का
संक्षिप्त आभास।

मृत्यु

आना हो तो आओ
क्या मालूम नहीं तुम्हें
तुम्हारे उस आकाश की ओर
उन्मुख हूँ मैं हमेशा से
आओ, आकर बैठो मेरे पास।

धूल में धूसर आत्मा सिर्फ रोती है
रोती है दिन-रात वही विमुग्धा पुतली
आनंद से, आँसुओं से, है राधा-सी
सदा वह पगली।

पहाड़ के मचान पर, सुदूर उपत्यका में
बेमौसम बरसात में
करुण साँझ की किस उदास बाँसुरी की पुकार से
अप्रतिभ पवन में, बावली सुबह में
उड़ा है चिड़िया बन यह हृदय
है आकाश तो बहुत दूर।

घास बन, धूल-अंगार को नए
सपनों की हरियाली से ढाँप
फूल खिलने से पहले
धूप का गुस्सा सह
हुआ है यह हृदय चिरक़ाल दग्ध
घोर तूसानल से

चर्म-घिरे चौरासी अन्नमय पिंड लिए
हाट-बाज़ार की क्षुधा तमाम अंगार राख
पीठ पर लादे कछुआ-सा
नीरवता—वामन के तृतीय डग से हाय
घुसी है पाताल में चिरकाल।

आना हो तो आओ
मोतियाबिंद से घिरी आँखों से
पोंछकर सारी धूल और अंगार
मेरी आत्मा से
क्या तुम्हें नहीं मालूम
मैं हूँ तुम्हारी ही प्रतीक्षा में
आँखें खुली हैं जिस दिन से ?
दबे पाँव चले आओ,
पास बैठो ज़रा।

नारी

अक्सर लगती है दूर
जैसे किसी की नहीं, पर है सबकी
बादल-सी, चाँद-सी और आकाश-सी।

उसके कदमों की धीमी-धीमी आहट से,
अलता के किनारे-किनारे
नूपुर की रुनझुन में कौन आता है ?
मृत्यु या फागुन ?
पलक झपकते
कौन खड़ा हो जाता है आकर
इहलोक, अपार दुःख और यादों का अंबार ?
परलोक, सुनसान क्षणों में
अनभूले, अधभूले पक्षियों की पुकार ?

कभी सुन पड़ती है, कभी नहीं
कूक निर्मम कोयल की,
पलाश में रक्त का क्रंदन।

एक तारा सिर्फ़ एक तारा
न जाने किस जन्म से,
न जाने किस शून्य से
किसलिए किस लोभ से
धीरे-धीरे भारी होता चला जाता है,
गिर पड़ता है आसमान से

अभिशप्त, अर्धदग्ध किसी की मुट्ठी में,
इतने में पुनः सुनाई देती है
खोये चाँद की आतुर पुकार
बुझे दीये की महक
रक्त-माँस के शहर में,
हड्डियों की गली में,
मंदिर की घंटियों की ध्वनि
ज़रा-सी ओस में
साँझ की गीली हवा में
जन्म जन्मांतर फलाँग
दुःख शोक रोग और यंत्रणा उलाँघ
क्षीण दीपशिखा-सी
किलबिल अँधेरे में है तैरती।

न जाने कितनी स्मृतियों के शव,
कितनी आशाओं, कामनाओं के फूल
ढो लाती है वह कछुए-सी।

रक्त पुते आकाश-सा है रंग उसका
आँखें हैं उसकी घनी नीली समुद्र-लहरें।

एक हाथ में है उसके निद्रादायी हलाहल
दूसरे में उज्जीवन, नील-स्वप्न का भ्रूण
वह है सारा इहलोक, परलोक
मृत्यु और फागुन।

परछाइयों से घिरा नाभिपद्म है स्तब्ध
उस काव्य-इलाके में,
फागुन का, कामना के पलाश का, और मृत्यु का
करते हैं आवाहन शब्द मेरे चिरकाल।

एक किशोर की मृत्यु

नहीं आता है पकड़ में हिरन
चारों ओर चम-चम तलवार-सी तेज धूप
छिन में दिखाई देकर
अदृश्य हो जाती है छिन में
मायावी उस मृग के पीछे
अभागा, कितना दौड़ेगा बेचारा।

किसकी माया से
निष्पाप, निर्लोभ और निष्ठुर
दिखाई देती हैं दसों दिशाएँ
शुभ्र और निर्वाक् धूप में
रुआँसी-रुआँसी-सी दिखती हैं चारों दिशाएँ
दबी-दबी-सी सिसिकयाँ सुनाई देती हैं चारों ओर
सहसा बंद हो गई पल में
समय की धुकधुकाती छाती।

कल सब ठीक हो जाएगा ख़ुद-ब-ख़ुद
सारे दोस्त रोज़ की तरह
अपनी साइकिलें, क्रिकेट, बॉल और बैट
कॉमिक और यादों भरी शून्यता लिए आ पहुँचेंगे।
दबी आवाज़ में सुनाई दे रहा होगा उसका नाम
खेलने बुला रहे होंगे उसे रोज की तरह
फाटक पर रोज़ की तरह ढूँढ़ेंगे
वे लोग उसे

सामने पसरा होगा धूप और छाँव का
यादों से धुला विस्तृत मैदान।
स्वर पसर गया होगा घर से श्मशान तक
सपने की तरह, फूलों की तरह
उनकी आँखों से लेकर
उदासीन बैकुंठ के
निष्ठुर प्रभु के द्वार तक।

यह जानते हुए भी कि
खेल शुरू नहीं हुआ
परछाईं-सी एक माँ चिल्ला रही होगी
अब बस भी करो आज खेलना,
गीली देह, ग़ीला सिर
कल हुआ जो था ज्वर।

उसके दोस्तों को समझा-बुझा रही होगी (या खुद को ?)
कल आना बच्चो, जी छोटा मत करना
आज वह किसी की भी बात न मान
हाँड़ी जैसे काले भैंसे की पीठ पर बैठ
मंदार की माला पहने
चला गया घूमने
किसी और के घर।

अनामिका

घनघोर अँधेरे में
स्तब्ध, मूक पर्वत की कमर में
एक आर्त स्वर "ले गया", "ले गया"
गूँज उठा और पसर गया
समुद्र की लहर बन आदिगंत
चौदह भुवन को पाट गया, व्याप्त हो गया
पछाड़ खाकर रोया, उजड़ा, उजाड़ा
शून्य में उड़ गया
उसके बाद आकाश, तारे
सुनसान ससागरा धरा
गहन कानन वन फिर शांत हो गए
विराज गई घनघोर रात्रि।

व्यथित मंथित वह शब्द
सारी यंत्रणाओं का वह शेष श्लोक परम सत्व
असहाय प्राणियों की आर्त पुकार
कौन जाने देवताओं को सुनाई दी या नहीं।

शेर के पंजे से पूर्वाशा में रक्त छिटे
आकाश में इतना बड़ा छेद
दम दम दमकता उगता सूर्य
समय का परदा भी छिन्न भिन्न
बावजूद इन सबके
चारों ओर पृथ्वी के

परिचित रंग और खेल।

झरना-किनारे, महुआ की छाया में
आजन्म मातृहीन
सुबह पितृहीन अभागा बच्चा
असमय ही मुरझाया एक फूल अहा
आकाश को सारी सृष्टि के उसी आदिमूल
उगते सूर्यदेव को
ताक रहा था।

कुछ पूछने-सा भाव उसके चेहरे पर
अँधेरे में ज्योति-सा
अशब्द शब्द-सा पसर गया चुपचाप।
एक गाँव, एक बच्चा होता है वहाँ
उसी मूक और निर्वाक् पर्वत की कमर में
महुए की छाया में, झरना-किनारे
इतिहास, देवता या मनुष्य
भला कौन जानता है ? कौन पूछता है ?

हम

मिट्टी के गर्भ में, सीने के हाड़ तले
तमाम अँधेरा लबालब भर जाने पर
तमाम काली रातें, तमाम दुःख
और संताप की आँच उफन पड़ने पर
एक धान अँकुराता है, एक शब्द से अर्थ फूटता है
हरा पत्ता बोल उठता है, अर्थ गुनगुनाता है
हम जानते हैं भाई, हम जानते हैं।

सूने खेत में, सन्नाटा भरे शून्य में
काम है हमारा सिर्फ़ रोपते चले जाना
अर्थ के बोझ से झुकते जा रहे
आँसुओं से लथपथ, मुस्कान से सराबोर
जादुई शब्द पास-पास
गर्दन झुकाए, कमर तोड़े, झुककर जलाते जाना
अँधेरी रात में, काले बादलों तले
एक-एक कर नन्हे-नन्हे शब्दों की बाती
मच्छर डाँस, जंगली घास
ऊसर मन की अनबुझ प्यास
अबूझ उदासीनता के चाबुक की मार
हवा, बतास, पीड़ा, जाड़ा
भाई रे हम जानते हैं, हम जानते हैं।

नीचे सर्वंसहा पुराण अक्षर माटी
ऊपर तारों-भरा मोर-नील आकाश

वही है वह खुला पड़ा कविता का मुक्त आँगन
हरित हृदय-प्रदेश
दीवार या खाई, फाटक या घेरा नहीं
स्वर्ग-नरक, शत्रु-मित्र, हँसी-रुलाई, धूप-छाँव
सारे दुःख, सारे शोक, सारी हँसी अनभूली
सबको दिल खोलकर, हँसते हुए खिल-खिल,
हाथ उठाए चिरकाल
भाई रे हमने पुकारा है, हमने पुकारा है।

हमारी पुकार सुन
झुक आते चारों मेघ,
पूरे आकाश को ढक
सूखी जड़ों में पानी डालते
ब्रह्मा मंत्र पढ़ते
शब्द लगते हैं सिहरने, लहराते हैं
हवा बहती है सिलसिल लुकाछिपी खेल-खेलकर
सूर्य नीचे कूदकर, झूलता है झूला
चाँद तारे सो जाते हैं ओस की ढुलमुल बूँदों-से
सहज शब्दों की गोद में गूढ़ अर्थों में।

कितने जन्म कितनी मृत्यु लग जाती है
कितने युग बीत जाते हैं नहीं होता खेल ख़त्म
कितना ख़ून कितने अश्रु
कितनी ख़ुशियाँ कितनी सिसकियाँ बीत जाती हैं
मन तो नहीं मरता
सूर्य, चंद्र, मिट्टी, पानी, हवा की महक से
गुनगुनाते हैं शब्द व्यंजना लिए अर्थ की
इस देह के पेड़ की डाल पर
पत्ते, फूल और फल लगते हैं
पेड़ तो नहीं मरता
कैसा जादू कैसा अद्‌भुत आनंद और
वेदना का अभिषेक !

भाई रे हम पहचानते हैं, हम पहचानते हैं।

यदि कभी अकाल पड़ता है, ज़मीन फटती है
हृदय मर जाता है, शब्द का अर्थ चुक जाता है
सुनसान खेत में पौधा मुरझा जाता है,
मन उदास हो उठता है
एक अधमरी चिड़िया चोंच खोलती है
हम सिर पर हाथ धरकर बैठे तो नहीं
यदि हवा बारिश गरजती हुई आए
काली जीभ से हरा रस, शब्द-हँसी चाट जाए,
हम किसी पर दोष मढ़कर बैठे तो नहीं रहे
उदास आकाश तले, मृत्यु शोक वेदना की भीड़ में
हमारा भाग्य हम ख़ुद ही हैं भाई
जानते हैं, हम जानते हैं।

ताराणि[1] पर पड़ रही है परछाईं
सुदूर पहाड़ के साम्राज्य की
मुकुट और राजदंड, धर्मग्रंथ नामावली
विक्षोभ और रक्तपात, नारे और तालियाँ
अंतहीन अर्थहीन भाषण की
शेषहीन विद्वेष की
नन्हे शिशु शब्दों ने
आँख खोल देखी है
लगाकर कान सुनी है
खनक तलवार की देखे-सुने हैं बिगुल और मार्चिंग गीत
रुलाई और संकीर्तन न जाने कितने गायत्रीमंत्र
पकड़ो-पकड़ो, मारो-मारो की चीत्कार और रिरियाहट
"मैं आया, मैं आया" की आवाज़ नवजातक की
खाली पड़े खेत की सूखी छाती में,
हमारा काम है सिर्फ़ रोपते चले जाना

---

1. बासी भात का पानी (पखाल)

सुकुमार पौधे, हँसी के फव्वारे पास-पास
वेदना मृत्यु ऊसर ज़मीन में,
हमारा काम है केवल जोड़ते चले जाना
सांत्वना भरे सरल शब्द
एक-एक कर पास-पास
भाई रे हम जानते हैं, हम जानते हैं।

प्रांतर

चिरकाल मेरी आँख निकाल लेता है सूर्य
कुछ लोग तो पट्टी बाँध आँखों में
अस्वीकारते हैं सूर्य को,
पर मैं तो हूँ देखने की शक्ति से वंचित
चुरा लिये हैं सूर्य ने
प्रकाश के सारे स्वप्न-गीत।

फ़र्क़ नहीं पड़ता मुझे कोई
जय पराजय से
सत्य असत्य धर्म अधर्म के संघर्ष से
वे द्वैत की सीमा रेखाएँ
अस्पष्ट दिखती हैं सदा मुझे
प्रकाश और अंधकार मिलकर
रहते हैं एकाकार मेरे लिए।

रात होने पर,
आकाश में असंख्य तारा-फूल खिलने पर
सुनाई देते हैं मुझे
अंतहीन सिसकियों और रुलाई के स्वर
तुम्हारे ही लिए बरसते थे वे अभिशाप,
एक आदमी के ख़्याल से
यह सारी विभीषिका है, नर्क और रक्त का ज्वार।
तुम्हारा भी कुछ नहीं जाता
हानि-लाभ, जय-पराजय, हँसी-रुलाई से

कामना-वर्जित तुम्हारी सत्ता
नहीं समझती सुख-दुःख
आसक्ति बिना मारती है सबको, मरवाती है
रोती है, रुलाती है
दिन शेष होने पर युद्ध शेष होने पर
बैकुंठ लौटता रथ
तैयार रहता है हरदम।

अपनी ही तरह, कुरुक्षेत्र की तरह
मुझे भी बनाओ एक निरपराधी निरीह प्रांतर
अग्नि-लपट रुलाई और यंत्रणा का
अंधे सूर्य की हताशा और मोह मुक्ति का
एक उन्मुक्त पृष्ठभूमि
शून्यता को शब्दों की सस्नेह श्रद्धांजलि।

शब्द अब शब्द नहीं

उस वक़्त कितनी रात थी ?
सहसा नींद से जगकर
तुम्हें बिस्तर पर न देख
समझ गया बरामदे में बैठी
पुनः खो गई होगी तुम नभ मंडल के
उसी नक्षत्र मेले में
नीरवता-बाँसुरी के सुमधुर गूँजते स्वर में।

रसोई घर की आग, नमक तेल के तमाम झमेलों में
बच्चों के कपड़े लत्तों, खाता-बही, लाखों दावाभरी जिदों में
रोग-शोक यातनाओं की सीढ़ी दर सीढ़ी
गुस्से रोष के मुरझाए लग्न में
जानता हूँ काफ़ी दिनों से तुम सुनने लगी हो
वह भिन्न स्वर
जो गुनगुनाते हुए गूँज रहा है
दिन-रात चारों ओर।
नदी की बाढ़ ज्यों डुबोए रखती है
मेढ़-घेरा, गड्ढे-खेत, तमाम बाड़।

शब्द अब शब्द नहीं
दुःख नहीं अब महज दुःख
किस जादुई स्पर्श से उतर जाती है अब
शब्द से, दुःख से, मुरझायी केंचुली
बच्चों के सुलेख में तारे टिमटिमाते हैं

मैली क़मीज़ में देता है सुनाई तारे का स्पंदन
क्या इसीलिए थी तपस्या, प्रतीक्षा सारी
तो क्या यही है असली जीवन।

क्या घटित होता है जीवन में ऐसा कि
बदल जाते हैं सहसा
जीवन के तमाम परिचित रूप रंग
सुन पड़ता है बाँसुरी का
वही अनभूला स्वर
पानी के मटके में समुद्र नाचता है
और टकराता है टूट जाती है रट्-राट्
सारी पुरानी गाँठे और डोर बंधन की।

प्रियतमा, तुम खो गई थीं आकाश में
पश्चिमी आकाश के तारे की रोशनी में
लगा तुम हो एक छायामूर्ति
और इस तरह मैं मिला तुमसे
कितने जन्म जन्मांतरों के बाद।

अब तुम्हें सौंपता हूँ फिर एक बार
तारे की रोशनी और
मेघहीन रात्रि आकाश
रात्रि तट पर घोंघे हैं हम दो,
सुन रही है विमोहित हो स्मृति-संगीत
शून्यता में नभचारी नक्षत्र से,
रोशनी की आँच।

वस्त्र-हरण

न ख़त्म होता है शब्दों का अथाह वस्त्र
न स्फुरित होती है निःशब्द निर्वस्त्र सत्ता।

पर्त-दर-पर्त ढके रहता है छल चिरकाल
रक्त-माँस के कुत्सित असत्य पत्थर को
चर्मघिरे चौरासी को
बर्फ़ का ताज़ा शुभ्र आवरण बन।

चुप्पी साधे वे लोग
एक नहीं, दो नहीं, पाँच लोग
बढ़कर एक से एक पंच पांडव वीर
निर्भीक तेजस्वी राजपुत्र
सत्यनिष्ठ युधिष्ठिर, अपराजेय अर्जुन
महाक्रोधी भीम, भविष्य द्रष्टा स्नेही
नकुल और सहदेव
उनके मुँह से उनके अनजाने
चुरा लिएं हैं किसी ने शब्द सारे।

प्राण रोता है, मन कहता है
इससे तो भली है मौत
माँ वसुधा फट जा फिर एक बार
सीता को जगह देने की तरह अपनी गोद में
दे दे जगह थोड़ी मुझे भी।

सुन पड़ती है किंतु एक-एक जीवकोष में
कातर आर्तनाद, जीवधर्म का प्रमाद
मेरी रक्षा करो, उद्धारकर्ता प्रभु
मेरी रक्षा करो इस अपमान से
इस कलुष, इस पंक से।

थी वह भाषा कोई मुँह की
हृदय की नहीं
अपौरुषेय हाड़-माँस की पुकार
आत्मा की नहीं
जबकि अनुपस्थित हमेशा
छप्पन करोड़ जीवों की गुहार के प्रति चिरवधिर
हे केशव, क्यों सुनी तुमने वह पुकार
फिर से बाँध लिया निकम्मे इस जीवन को
शेष अपमान के बाद
असत्य के अथाह वस्त्र की ओट में
निःशेष कर दी क्यों नहीं
लज्जित, व्याकुल आहत सत्ता मेरी
अपनी उसी निरभिमानी
शुभ्र-नील अनल आभा से।

अंतिम सरल भाषा की ओ आराध्या देवी

कई बार तलाश न सका शब्द।
अर्थहीन लगते शब्दों की भीड़ में चुप्पी साधे
मन ही मन ढूँढ़ रहा हूँ वही
निष्कपट, निरुद्विग्न आश्चर्य-भाषा
जिस भाषा में सूर्य उगने से पहले का आकाश
बतियाता है बादल-चिड़िया-पेड़-पौधों से।

सोचा, शायद वही भाषा लगेगी तुम्हें अच्छी
इन अस्पष्ट, टूटे-फूटे, अधगढ़े रुग्ण शब्दों में
तुमसे भला क्या कहूँ मैं
तुम तो हो देवी अंतिम सरल भाषा की साक्षात् !

वह भाषा मैंने कुछ-कुछ पढ़ी है :
कहीं दूर दिगंत में खोयी
तुम्हारी आँखों में, जहाँ अशांत समुद्र में
मछुआरे की नाव तट की ओर लौट रही होती है
नन्हा बालक दिन-भर
छपर-छपर पानी में खेलता रहता है,
हथेली और गर्दन के ज़रा-सा हिलने में
जहाँ घर लौटती चिड़ियाँ
पँख झाड़कर उड़ जाती हैं
न जाने किस अपरिचित, अनजान नए आकाश में,
पढ़ा है मैंने नीचे झुकी निगाह में

जहाँ बरसने वाले काले बादल कुछ ही देर में
उतरने वाले हैं मिट्टी की गोद में
भौंहों की ज़रा-सी सिकुड़न में
जहाँ आसन्न संध्या के जंगल किनारे
मतवाली हवा का सुलु-सुलु गीत
रह-रहकर सुनाई देता है,
यह भी पढ़ा है
महावर लगे कोमल पग धरने से
जहाँ निष्पाप मृत्यु
ताकती रहती है श्यामल प्रतीक्षा में।

प्रियतमा, अंतिम सरल भाषा की ओ आराध्या देवी,
खोल दो अविलंब अब
उस भाषा का विशाल बावन भंडार।

ग़लत पते की चिट्ठी

समय की बीच राह में हुए
सारे समझौतों, जान-पहचान का मध्यांतर है अब।
हाइफन, दो यंत्रणाएँ,
अब प्रतीक्षा में कटता है प्रियतमा लंबा समय
न जाने आएगा वह कौन-सा दुःख,
नहीं है मालूम पता जिसका ?

आता है, दुःख, गलत पते की चिट्ठी-सा अक्सर
आता है शब्द हथेली की रेखा-सा,
खो जाता है, मिल जाता है
अलौकिक घटना घटित होनी है तभी
शब्दों की जादूगरी ख़त्म नहीं होती
सोचती हो तुम
शब्द केवल स्नेह बन पसर जाते हैं
द्वापर के, कल सुबह के, आकाश में काले बादल
तुम सोचती हो
शब्द केवल बाँसुरी की तान बन पसर जाता है
जन्म-जन्मांतर दिखते हैं
बादलों की गोद में बासुँरी के सुर में,
समय, सुदूर बादलों से, बाँसुरी से
हाथ हिलाता है
रुका रहता है मरण,
क्षण में मिल जाते हैं सारे उन्माद, आवेग।

वे लोग तलाशते हैं अर्थ,
जानना चाहते हैं शब्दों का मतलब
नोचकर खरोंच-खरोंचकर
भाष्यकार, कोश-विज्ञानी पंडित
ग्राफ़ बनाकर, चित्र बनाकर समझाते हैं
गुप्त संदेश उन शब्दों के।

तुम जानती हो
अबूझ शब्द की बाँसुरी, अबूझ शब्द के बादल
मेरी स्थिति के भीतर ध्वनित होते हैं, पुलकित होते हैं,
मेरी स्थिति का आकाश ढँक देते हैं
हँसा-नचा मारते हैं, तो कभी जीवन्यास देते हैं
तुम जानती हो
मेरे शब्दों की अज्ञानता और विश्वास से
स्नेह अपने बचपन के खेलों की
दुनिया बनाता रहा है।

पेड़ की पूरी देह, डाली पत्ते
चिड़िया के संगीत से भर जाने-सा
भर जाने-सा, तारों के नन्हे फूलों से समग्र आकाश
शब्दों के स्नेह की भाषा अलौकिक माया लिए
भर देती है सारा संसार,
भरकर प्रियतमा तुम्हारा ही विश्वास।

आधी रात

आधी रात होते ही
किसकी दबी-दबी-सी रुलाई
सुनाई देती है मुझे
ज़रा ध्यान से सुनने पर।
किसका रुआँसा चेहरा लगता है उभरने
अँधेरे के परदे पर
जिधर भी देखो।

फूल की पंखुड़ियों में,
पत्तों के हिलने में
सुनाई देता है मुग्ध स्वर उसका
स्वर उसका सुनाई देता है तारों और चाँद में
स्वर सुनाई देता है
मेरी अँधेरी कोठरी के हरेक कोने में
सुनाई देता है
बादलों तले खोये सुदूर क्षितिज में
वे स्वर हैं मेरे जाने-पहचाने और
अनजान अनेक लोगों के
जो बिला गए हैं कबके
तारों की तरह सुबह, आकाश में।

असंख्य नक्षत्र और आकाशगंगा
ग्रह नीहारिकाएँ सब उलाँघ
कुआँ-कुआँ रोने का रुद्ध स्वर

फैल जाता है धीरे-धीरे
समस्त आकाश पवन में
मानो और कोई सत्ता ही न हो
सिवाय उस स्वर के
समग्र आकाश, पृथ्वी और नभमंडल
पशु-पक्षी, नर-नारी और कीट-पतंग
डूब जाते हैं सभी बारी-बारी से
उस रुलाई के ज्वार में एक-एक कर।

वह स्वर है
क्या नभचारी तारों नक्षत्रों का ?
वह स्वर है
क्या आँसुओं से धुले निरंजन
काँटों भरे, आमोदित मेरी ही आत्मा का ?

कानन से लौटते
कान्हा की बाँसुरी सुनने को
व्याकुल मात यशोदा-सी
सदा कान लगाए रहती है
वह स्वर सुनने को
तृषित आत्मा मेरी।

सारी बातों के बाद

उज्ज्वल चाँदनी तोड़ रही है लहरें
खोती जा रही स्मृति-सी
अधभूले गीत-सी
सिलेटी आकाश में टिमटिमा रहे हैं यहाँ-वहाँ
झुंड के झुंड तारे,
चाँदनी से भीगे हुए
बिजूखे की तरह खड़े महुए के पेड़ से
असंख्य फूल अब झर रहे हैं, झर रहे हैं चुपचाप।

तू जानती है
आँखों से आँसू पोंछने पर
आँसू फिर उमड़ पड़ेंगे
टहनी से फूल झर जाने पर,
होंठ से कोई बात उड़ जाने पर
टहनी पर, होंठ पर कभी नहीं लौटेंगे।

हर वक़्त ठगकर डाल को, वृंत का
झड़ जाता है फूल नीचे
हर वक़्त न जाने किस अभिमान से, किस दुःख से
बात उड़ जाती है, उड़ते-उड़ते खो जाती है
जिद्दी नन्ही चिड़ियों की तरह नीले क्षितिज में।

धाँगड़ा के वायदे ने यदि
उड़ आकर बनाया था घोंसला कभी

कुँआरी के मन में
तेरे सपने के. पत्तों के बीच,
धाँगड़ा की बातें यदि
ज़िद्दी चिड़िया की तरह
चुपचाप उड़ गईं आकाश की ओर
नहीं लौटीं फिर शाम के बाद रात होने तक
उसके गीत का मतवाला स्वर यदि
फिर सुनाई नहीं दिया
धाँगड़ा-घर से,
यदि आज झीना कोहरा लाँघ
अस्पष्ट साये की तरह
कमर से हाथ हटाकर
कुछ कहे बिना
छोड़कर वह चला गया
इतना सुंदर नाच बीच में ही
अब यदि दोस्त-यार, साथिन लौट गई
चुपचाप अपने-अपने घर
आग की लौ बुझ चली नाच-मंडप से
एकाकी कबूतरी अब यदि
रोती है जंगल किनारे
न बोल तू कोई शब्द री धाँगड़ी
कोई बोल तक नहीं फूटता कभी
महुए का फूल झरते समय
कुछ कहता नहीं
मुरझाया चाँद
पहाड़ के मचान से अस्त होते समय।

आँखों से आँसू पोंछ ले
खोल ले केश
खड़ी हो जा चाँदनी से भीगकर
महुआ तले बिजूका-सी
फूल झरते रहें

स्वच्छ, सुंदर ठोस तेरी दीर्घ देह में
पोंछ दे चाँद, तारे समग्र आकाश
शेष सरलता-से प्रचंड काले बादल
अपने आँसू, अपने खुले केश।

ऐसी ही तो है चिरकाल स्नेह का उद्यापन पर्व
ऐसी ही तो है हँसी-रुलायी, नाच-गीत, दिवस-रात्रि।
कौन-से प्रश्न किसके लिए
भला कौन देगा उत्तर
दर्मू,[1] या दर्तनी[2] या देवता दिशारी[3] ?

---

1. आदिवासियों के आकाश में रहनेवाले देवता।
2. आदिवासियों की धरती माँ।
3. आदिवासियों के पुजारी।

शब्द से दो बातें

मन मारकर बैठ जाने से पहले
समझ ले रे बबुआ
इतिकथा अपने भाग्य की
पूर्वार्जित फल अपने दुःख का।

तब जाकर इतने सुंदर, इतने अपूर्व रूप से
मन की बात कह डालने का
नहीं होगा गर्व तुझे,
थोड़ा बहुत कुछ न कह पाने के
दुःख के बोझ से
अपने अंदर ख़ुद ही टूट नहीं जाएगा।

इतना समझ ले;
लग जाता है यहाँ पूरा का पूरा जीवन
समझने में कि हवा का कोमल स्पर्श कैसा है
दिन-रात, सुबह-साँझ मध्याह्न
ध्यान धारणा ख़्याल, सारे सपने चाहिए
अधमरी दूब का दुःख समझने को।

यहाँ सुनना पड़ता है
नदी किनारे खड़े हो सूखी रेत को देख
समुद्र का आर्त स्वर
मध्य रात्रि का आकाश ताकते समय
आँखों में आँसू आने पर

समझ आ जाता है वार्धक्य का भय।

क्या तू नहीं जानता, रे पगले
आज जिसे चाहने लगा है इतना
लगता है जिसके बिना
पल-भर भी असार जीवन
कल जीना होगा
उसके बिना दीर्घकाल
असंख्य अपंग पल, अंतहीन रातें और दिन।

इतना समझ ले;
यहाँ मित्र से मुलाक़ात होते न होते
आ पहुँचता है समय बिदाई का
मिलाप और बिछोह के इस अनंत चक्र में
तू मुझ अंधे की लकुटिया है, सखा और साईं है।

अँधेरे से अँधेरे में
एक अनुत्तरित प्रश्न से
एक दूसरे प्रश्न तक
तुझे ही जाना होगा
अर्थ ढूँढ़ते हुए स्वप्न ढूँढ़ते हुए,
चुटकी-भर पुलक ढूँढ़ते
सिर झुकाए,
अंदर से रोते रहने पर भी
होंठों पर मुस्कुराहट बिखेरे रखना
तब जाकर कहीं दुःख के साम्राज्य में
छू सकता है तू दिल किसी का।

हरसिंगार का स्वप्न

न होती है चिंता न परवाह
हाथ की पहुँच वाली टहनी पर मुस्कुराता है
खिलखिलाकर चाँद-सा
खेलता रहता है
हवा, भौंरा, चिड़िया सबके साथ।

खेलता तो रहता है
पर ध्यान से देखें तो लगेगा
खोया हुआ है वह किसी और दुनिया में
किसी अज्ञात स्वप्न की मादकता
जैसे छायी हो मानो उस पर।

क्या है वह स्वप्न ?
नक्षत्र ? निर्वाण ?
काली रात, काला भौंरा, काला चाँद ?
रात बीत जाने पर,
पकड़ी गयी रात-भर,
नन्ही चिड़िया की तरह रोते-रोते
सुबह मुक्त हो जाता है वह
टहनी के आश्रय से।

रात बीत जाने पर
उसके स्वप्न का,
उसकी अन्यमनस्कता का

इतिवृत्त समझ में आ जाता है
नक्षत्र नहीं निर्वाण,
क्यों ताकता रहता है वह
धूल की सेज की ओर
खिलता है जिस दिन से।

स्वप्न नहीं उसका सुदूर आकाश
स्वप्न नहीं जिद्दी चिड़िया या
पागल भौंरे की प्रीत
अधीर हवा की पुकार, अंतहीन रास,
स्वप्न है उसका सारा प्रेम,
सारी हँसी-ख़ुशी पीछे छोड़
टहनी से विदा ले
धूल की सेज पर झड़ जाना
बिन बोले एक शब्द तक।

अधेड़

जल की स्वच्छ करुणा
हवा का सरल आनंद
छोड़ आया है वह
स्कूल की किताबों में,
कामना का कंटकित प्रस्फुटित गमकता वन
उन्माद का तीव्र उल्लास और दंश
छोड़ आया है वह
प्रथम प्रेम की गली के मोड़ में।

अब है महज धूल, पसीना, खीझ
जेठ की गर्म हवा में
करता है इंतज़ार वह
आषाढ़ का, बादलों का।

कभी-कभी मानो कोई रोता है भीतर
शायद कुछ याद कर-करके
बच्चे नहीं है, गृहिणी गई है पड़ोस में
चारों ओर सूनेपन का अखंड राज है
लंबी दुपहर पड़ी है
साँझ होने में अभी देर है।

आम के पेड़ पर बैठी रो-रोकर
बुला रही है एक कबूतरी
सेर भर गया, माँण भर गया, उठ रे पूता

किंतु सब अपूर्ण रहता है
कोई भी शून्यता नहीं भरती।

स्कूल से, कालेज से लौटने में
अब भी देर है बच्चों के
अशांत, धूल-धूसरित
रास्ते में किसी से मारपीट
किसी पर पत्थर से सिर फटा होगा
उसके भीतर की अलसायी हिंस्रता
हमेशा उभरी है
उनके चेहरे पर, भाव-भंगिमाओं में।

फिर एक बार देखता है वह घड़ी
सूर्य को थोड़ी भी जल्दी नहीं लौट जाने की
उसी तरह मरी मछली के पेट-से लटका है
निष्करुण पश्चिम आकाश में
गोधूलि की लालिमा में काफी देर है
रात और अँधेरे का आश्वासन है काफ़ी दूर।

सुनाई पड़ता है रह-रहकर अब भी
कोयल का आख़िरी गीत
ख़ुशी से पहले की तरह
रो नहीं पा रहा अब
ख़ुद-ब-ख़ुद नहीं भर आतीं आँखें।

सीढ़ी-दर-सीढ़ी
दृढ़ विश्वासी हो पग बढ़ाता है
नीले आकाश, शीर्ष को ताकता
सीढ़ियाँ चढ़ना ख़त्म हो जाने पर
है अब खीझ का शून्य समतल।

बैठा रहता है वह घड़ी पर आँखे टिकाए

परित्यक्त मंदिर की कौतुक भरी
वजनदार मूर्ति-सा
जो अबोध शिशु-सा
ताकता रहता है शून्य को
पर न हँस पाता है,
न रो पाता है।

समुद्र की भूल

कुछ नहीं समझता समुद्र
कुछ नहीं जानता।

सब कुछ होते हुए भी
मानो पास उसके कुछ नहीं
चुपचाप न बैठ, बस हमेशा
लंबी साँसें, हाय-तौबा, धक्कम-धुक्की, रस्साकस्सी।

अधीर, अस्थिर होना तो
अधिकार है उसका जन्मसिद्ध
और फेंक देने की प्रवृत्ति
हिचकोले भरती रहती है
अपनी सत्ता के कोणों-अनुकोणों में
न कुछ देखता है समुद्र, न सुनता है।

सारा आकाश,
ज़रदोज़ी तारों की अल्पनाएँ
भाँति-भाँति के बादल, ग्रह नीहारिकाएँ,
शून्यता में अनगिनत झुंड की झुंड चिड़ियाँ
उदय और अस्त सूर्य, समुद्र सारस :
सब कुछ अपने आईने में पकड़े रहता है
ऊपर मुँह उठाकर लेटे हुए
देखता है सब कुछ (या देखता नहीं)
पर नहीं देखता अपने चेहरे की

वही ऋषियों को लुभानेवाली मुस्कान
जब कोमल चाँदनी रहती है तैरती
लहरों पर गुनगुनाती मंत्र-सी।

नाचता है, रोता है, मचलता है समुद्र
दहाड़ों के बज्र उद्घोष से
तटवासी नरनारियों को करता है तटस्थ
कुछ सुनने नहीं देता किसी को
हाहाकार, शोर मचाकर
टहटह हँसती लहरें
दौड़ जाती हैं मानो मचाएँगी प्रलय
जबकि नहीं सुनतीं
अपनी ही आत्मा के
अपूर्व, सूक्ष्म स्वर
एक भी बार।

एक नन्ही सीपी, अपनी अकिंचन शुभ्रता से
समुद्र से आँखें बचा
पकड़े रहती है उसके चेहरे का
वही सुंदर रूप
ऋषि को लुभानेवाली मुस्कान
गुन गुन गुन गुन स्वर में
सुनती है और सुनाती है अति सूक्ष्म
समुद्र आत्मा का वही स्वर-सारांश।

पर नहीं देखता समुद्र
भूल से भी उस सीपी की ओर
फेंक चुका होता है उसे
अपने तट पर रेतीले विस्तार में।

उस पार

उस पार लगा रहता है मोह।

इस पार के दिन-रात, माटी और ओस
इस पार की हँसी, रुलाई, घृणा और स्नेह
पानी में हिलती परछाइयों की तरह
जाने-पहचाने लोगों के चेहरे और यादें
सुबह, साँझ, गोधूलि, शब्दहीन नक्षत्रों की रातें,
इस पार की सारी लाभ-हानि, सारी क्षय–क्षति
इस अधीर ह्रदय को नहीं बाँध पाते ज़रा भी
भाई बंधु, सगे-संबंधी।

उस पार मानो सब दीखते हैं
स्वच्छ हवा के शून्य आईने में
सारे दृश्य, सारे शब्द, सारे क्षय, सारी क्षति
लाभ-हानि, हँसी-रुलाई लाख जनम के
जैसे कि सारा जीवन महज उतावली प्रतीक्षा है
पानी, बालू, घास पार कर
इस पार से उस पार जाने की
गोकुल, मथुरा, द्वारिका, माखन, बंशी और चक्र सारे पारकर
पहुँचने की उसी स्वप्नमय मंत्रमुग्ध अनजाने नगर में।

जैसे ही पहुँचेंगे उस पार,
नया जन्म होगा इस शरीर का
इस इंद्रिय पंचभूत बुद्धि और मन का

हृदय, अस्थि, चर्म, चर्बी, माँस, रक्त और आत्मा का,
जैसे ही पहुँचेंगे
फूलों की तरह देह मन विकसित होंगे
बारिश में कदंब की तरह खिलेंगे हुलसित होंगे
जिस तरह उचक रहा था उस पार का स्वरूप हमेशा
या स्वप्न जागरण निद्रा तंद्रा समस्त प्रहर।

पानी में पैर बढ़ाता हूँ, पानी बन जाता है नाव
लगता है कई जनमों का वही परिचित बंधु
बालू में पैर थापता हूँ, बालू बन जाती है नाव
लगता है अपने ही रक्त की, माँस की
घास मेरी देह में पसर जाती है घास की नाव बन
फुनगी से फुनगी पर कूदती है जनम से मरण तक
बालू, पानी और नदी है इस देह के मुक्त-क्षेत्र।

आ जाता है वह पार सहसा
चिर ईप्सित स्वप्न का रूपायन
पर रोता है हृदय यह नहीं
यह तो है वही पुराना दोहरा स्वर
पुरानी मिट्टी पानी घास और ओस
यह तो है वही रोज़-रोज़ की
हँसी, रुलाई, घृणा और स्नेह !

छोड़ आए उसी पार
धुँधली चाँदनी में, धूप में, तारों में
ख़ुशी में, आनंद में, क्षोभ और विषाद में
हाथ के इशारे से बुलाता रहता है मुझे
न जाने किस जनम से
मोहिनी अमृत कलश लिए बुलाता है
स्वप्न जागरण उलाँघ, जीवन मरण उलाँघ
अनजाने में उस पार से हो जाता है मोह,
वह पार होता है यह पार,

कौन देता है भुलावा चिरकाल।

क्या नहीं हो सकती ऐसी नदी
जिसका सिर्फ़ एक ही किनारा हो ?
क्या नहीं हो सकता ऐसा सपना
जिसका आदि अंत न हो
जड़ें हों जिसकी शून्य में ?

अकेले-अकेले

इच्छा न हो दुनिया का सामना करने की
कोढ़ी को, फूल को, वेश्या को, बादल को देखने की
मंत्री का भाषण, पुरोहित का मंत्र और
शिशु की तोतली बोली सुनने की तो
सुबह न उठकर सारा दिन
बिस्तर पर पड़े रह सकते हो।

क्या फ़र्क़ पड़ता है उससे
क्या खो जाता है इस जीवन में
इस मरण में ?
इस होने न होने में ?

चिट्ठी टेलीग्राम आएँगे पुराने पते पर
इतनी बड़ी दुनिया में तू हो सकता है
नहीं भी हो सकता
कुछ दिन गुज़र जाने पर
याद नहीं रह जाएगा किसी को
तू था कभी यहाँ
कोढ़ी, फूल और बादलों को देखने के लिए
सबसे आमोदित विषादित हो
कभी रोकर, कभी रूठकर
कभी मुट्ठियाँ बना-बनाकर।

अब आँखें मूँदे उसी तरह
पड़ा रह सकता है बिस्तर पर
सुबह कितना ही पुकारे
चिड़िया कितना ही सुनाए गीत
बिस्तर से तू मत उठना
दुबारा चाय पीकर फिर से सो सकता है
दिन ढलकर रात होने पर
तू, तेरी परछाईं और चाँदनी
लिपो[1] के समय-सी
बैठ सकती हैं हिल-मिलकर।

जेट उड़ रहा है, बादल बह रहा है
जाए जो जहाँ जाता है मर्ज़ी से
तू सो सकता है फिर से
रास्ते में जाड़े की लाल-पीली पत्तियाँ
झड़कर इकट्ठी होंगी
कल सुबह तेरे न उठने पर भी
वे लोग रास्ता बुहारकर साफ़ कर देंगे
पत्ते उठा लें जाएँगे
फिर झड़ेंगे पत्ते दूसरे दिन
तू सोया होगा, पत्ते झड़ रहे होंगे।

---

1. तांग युग का प्रख्यात चीनी कवि।

जाड़े की साँझ, समुद्र तट

झिझक से, स्नेह से
नींद में या सपने में
मुग्ध प्रेमी समुद्र बढ़ाता है हाथ
और अपनी काँपती अँगुली से छू लेता है
निद्रित रूपवान शुभ्र तट
अनेक निषिद्ध क्षेत्र पत्थर और रेत,
झूठ-मूठ की खीझ में
नींद में या सपने में
लहर का हाथ झटक देता है तट बारंबार
और डपटता है : नटखट दुष्ट बालक
ठहर जा देख लूँगा कल।

न जाने कहाँ कौन जा चुका है कब का
झालमूढ़ी फेरीवाला विदेसिया,
मछुआरा नौड़िया
चारों ओर से उमड़ता
सहमा-सहमा डरा-डरा-सा परिवेश।
मानो हो यह एक कालांतर, युग शेष।
झड़ते धुँधले अँधेरे में
समुद्र का गीत सुनते-सुनते
थक चुकी नन्ही सीपी चाहती है
काश कोई नन्हा बालक आता और
उठा ले जाकर उसे रखता सहेजकर
बनाकर अति अपना,

पढ़ने की मेज़ पर।

नन्हा केंकड़ा चाहता है
सिर उठाए, टुकुर-टुकुर ताकते हुए
नन्हे-नन्हे बच्चों के पैरों की आहट,
रेत के टीले, मंदिर की ओट से
काश मिलता खेलने का अवसर दुबारा
लंबी-लंबी साँसें भरते दौड़कर
घुस जाने का आनंद
अपने निर्दिष्ट विवरों में ?

समुद्र में फेंके नारियल,
टूटी चप्पलें और फूल मालाएँ
लौट आते हैं मन मारे
ढूँढ़ते हैं बावले से
लोगों को, बच्चों को
कहाँ खो गए, हमें फेंककर, परछाईं की तरह।

अँधेरा बढ़ने पर
न जाने क्या देख, क्या सोच एकाकी बूढ़ा
लौटा लाता है आँखें सुदूर दिगंत रेखा से
खों-खों खाँसता है और लाठी पर बोझ डाले
तट के अँधेरे और कोहरे से
लौट जाता है फिर एक बार
धुँधले-धुँधले से दीखते
अपने बचपन और जवानी दोनों में
रेत पर सीपी ढूँढ़ते नन्हे-नन्हे क़दमों की आहट
झूठ-मूठ की गालियाँ, चूड़ियों की खनक
सब कुछ सुनाई देती है रात बढ़ने पर।

साँझ

"देखो ना, कितना सुंदर और
सुहावना है यह सूर्यास्त
इस दुनिया की यह अनभूली छवि
क्यों है आँखों में आँसू
देखो नज़रें उठाकर चारों ओर है
स्वप्न और संभावनाओं की
प्रीति और प्रतीति की
असंख्य आरक्त करबी।"

"यह दुनिया, यह सूर्यास्त
संभव नहीं भूलना
लगता है देखा है इन्हें पहले भी
शायद पिछले जन्म में
भुलाई जा सकती है भत्ता यह अद्‌भुत छवि ?
इसीलिए तो छलक आए हैं आँसू
अकारण ही आँखों में।
सुन रहे हो ना, अनभूली शोभा तले
अति सूक्ष्म, अति क्षीण
अनजानी वेदना और विदाई की
करुण पूरबी ?"

शब्द-रूप

ठीक किया इंद्रद्युम्न
जो खोल दिया बंद किवाड़ वह
अंतर्धान हो गया भास्कर्य
रह गया अधूरा कालिया ठाकुर[1]
ताजे और शुभ शब्दों का।

वरना क्या कभी ख़त्म हो पाता भास्कर्य
ख़त्म हो पाती शब्दों और अक्षरों की कारीगरी
धुकधुकाते सीने और सूर्यस्नात माटी का
वह जटिल समीकरण ?
क्या निःशब्द पकड़े रख सकता है कोरा काग़ज़
इतने स्वर्ग, इतने नरक, पाप-पुण्य
यातनाओं और आनंद का अनभूला जीवन-मरण ?

गर्भ कष्ट, जन्म कष्ट, जीने का अंतहीन कष्ट
हैं मात्र कुछ शब्द – न खत्म होनेवाले अर्थ और भाव
हाथ बढ़ाता है चिरकाल शून्य आकाश की ओर
उठा लो मुझे, उठा लो मुझे, पुकारता है और
असहाय काग़ज़ पर शून्यता ही सोई रहती है
स्वप्न, दृश्य दृश्यांतर, जन्म जन्मांतर
कारीगर, दारुब्रह्म चिरकाल रह रहे होते हैं

---

1. कालिया ठाकुर : प्रभु जगन्नाथ।

उस बंद कोठरी में साथ-साथ
चिरकाल असमाप्त रहता मूर्ति बनाना
अपूर्ण रहता ब्रह्म-रूप दर्शन
शब्द-रूप दर्शन
व्यथातुर कोटि-कोटि लोगों का।

सूरजमुखी

याद है दार्जिलिंग, टाइगर हिल
बादलों भरी वह मलिन विषण्ण सुबह।

अँधेरे की पट्टियाँ धीरे-धीरे
खुलती जा रही थीं
नीले आकाश की आँखों से
हम जैसे प्रतीक्षारत अनेक पर्यटकों की
उत्कंठा समाप्त कर दिखाई दिए वे
जनेऊधारी, ब्रह्मचारी
कंचनजंघा के उस पार से।

सीधे देखा मेरी निर्वाक् आँखों को अपलक
और कहा, "ठीक तो हो सीताकांत
तभी तुम्हें देखा था उस दिन
चित्रोत्पला किनारे
नदी की तरंगों-सा मुस्कुराते
अपनी नन्ही हथेली से मुझे
लगभग ढक दिया था तुमने आकाश में
उसके बाद भी देखा होगा तुम्हें कई बार
पर वह देखना भी लगभग
न देखने-सा था।

फिर जब कभी तुम
बिस्तर पर पड़े होगे

उठने की ताक़त तक नहीं होगी
सूरजमुखी-से मेरी ओर ताक रहे होगे तुम
आसन्न अँधेरे से
आम दरवाज़े से न सही
आधी बंद खिड़की से आ जाऊँगा
कुशलक्षेम पूछूँगा, बैठूँगा तुम्हारे बिस्तर किनारे
तुम जैसे मित्र को भला
भुला सकता है कभी कोई ?

लट्टू

घूम रहा है लट्टू
पुराना लट्टू घूम रहा है
घूमते-घूमते घूमते-घूमते रो रहा है
फिर आगे और आगे
अँधेरे घुप्प अँधेरे में
आगे से आगे घूम रहा है
ढूँढ़ रहा है, कहाँ गया वह बालक
कहाँ गया।

विशाल शून्यता में, अँधेरे में
कहीं जो नहीं होता कोई
सिर्फ़ सुन पड़ती है
सन्नाटे की बर्राहट और साँय-साँय
कहाँ गया वह लट्टू चलाकर
हो गया अंतर्धान किस ओर
वह चंचल बालक।

लगातार घूमता है
बंद होने पर
उठा लेगा कोई डोर से
मन हुआ तो झटककर डोर
कर देगा बंद कोई सहसा खीझ से ?
करता हूँ जीवन-भर प्रतीक्षा मैं
दो-एक प्रश्न पूछने की

उस बालक से दिन बीत साँझ होने पर
फिर रात होने पर।

नहीं आता वह
दिन बीत जाता है, रात बीत जाती है
लट्टू घूमता है,
वह पुराना लट्टू सिर्फ़ रोता है और
रोते हुए घूमता है।

इससे बढ़कर भला और क्या ?

पैरों तले सर्वंसहा पृथ्वी
ऊपर घना नीला उदास आकाश
बीच में मनुष्य के प्राचीन घर-द्वार
चिड़ियों के घोंसले।
हमेशा से हँसी-रुलाई,
सिसकियों और गीतों का कलरव।

इन्हें चाहा है, कलपता रहा हूँ
रोया हूँ, रूठा हूँ
उच्चाटित हुआ हूँ, ख़ुद को खो दिया है
भीतर बाहर शून्यता की ओर रहा हूँ ताकता
कभी-कभी खुद को खरोंचकर किया है, लहू-लुहान
अँधेरे में ढूँढ़ते टटोलते।
जितना समझा, जितना हो सका
काँपती अँगुलियों से जोड़ा है शब्दों को
सौंप दिया है नीली सरस्वती को।

तुम भी पीड़ा, क्रोध, करुणा से किलबिलाते
संसार सागर से डूबते उतराते हो
स्नेह, प्यार, माया और
स्वप्न की सांत्वना में जड़े रहकर
जब भी क्षण भर मिला है
तुमने मेरे उसी अधगढ़े शब्दों के भंडार
मेरी उसी कविता को पढ़ा है

मेरे शब्दों की घास और ओस की
धुकधुकाती छाती को छुआ है;
अँधेरे में उन्होंने जितना कुछ देखा है
अनजानों से जितना समझा है
उतना ही कह डालने की
उनकी अदम्य अभिलाषा देखी है
तुम्हारे ही अंदर मैंने भी उसको
फिर एक बार सुमिरा है,
पहचाना है, हाँ हमने एकसाथ
घनघोर अँधेरे में
मनुष्य की आत्मा के उच्चारण की
क्षीण दीपशिखा की
जलने की वह कोशिश देखी है।

इससे बढ़कर, प्रिय पाठक
भला और क्या
चाहेगा, एक कवि ?

नहीं होता मैं

नहीं, इनमें नहीं–
उच्चाट मोरों के नील-नृत्य में नहीं
हुलसित कदंब की सिहरित प्रस्फुटन में नहीं
कृष्ण वेणी रात्रि के उन्मत्त
अविरल बरसते श्वेत मल्हार में नहीं
नायक-नायिकाओं की अधीर वासकसज्जा में नहीं
उत्कंठित विरही यक्ष का पत्र लिए
सुदूर यात्रा के स्वप्न में भी नहीं।

होता हूँ–
धू-धू मरुथल की छाती चीरती व्याकुल तृष्णा में
सुनसान निष्करुण आकाश की ओर ताकते अपलक
उसकी आशाभरी अंतहीन प्रतीक्षा में,
होता हूँ नन्ही ओस के आशीर्वाद से
अभी अभी नहाए कोमल दूर्वादल के
जलते क्षण की करुण कुआँ-कुआँ रूलाई में
श्मशान बने मरुथल के जापाघर में।

नहीं होता मैं
संभोग में, स्वर्ग में, प्राप्ति में
परिपूर्णता के उन्माद में।

होता हूँ
सूनी प्रतीक्षा में, कामना के नर्क में
अतृप्त तृष्णा में।

दूब

दूब, दूब पहचानता हूँ मैं तुझे
हुत्-हुत् जलता सूरज और आकाश
निश्चल शांत मेदिनी
है कितना अद्‌भुत भरोसा तुझे
है कितना विश्वास
पीकर ज़रा-सी ओस
दिन-दिन भर, रात-रात,
घुटरुन चलना, घिसटते हुए
कुआँ-कुआँ रोना और हाँफना
सुना है सुना है
रेत में अँगुली भर आगे
विकल प्राण का बरताव
पहचाना है पहचाना है
दुबली-पतली हरी देह में तेरी
आनंद और यंत्रणा का शिलालेख
खरोंच-खरोंचकर पढ़ा है मैंने सदा।

देख मेरी ओर
कोमल पत्ते की आँखों से
किसलिए घिसटता हूँ मरुथल में
शून्यता से शून्यता
अँधेरे से घोर अँधेरे में
प्रथम कुआँ-कुआँ के जापाघर से लेकर
शब्दहीन शेष घड़ी तक।

बीच में यही बँधे-बँधाए कुछ पल
अबूझ, फिर भी आस्वाद,
कैसी यंत्रणा, कैसा अंधकार
फिर भी है आह्लाद।

दूब, दूब
यह आकाश, चाँद और ओस
दूब, दूब
नारी और नक्षत्रों की नील रात्रि
पवन का स्नेह से सराबोर स्वर
दूब, दूब
क्षुधा, तृणा, प्रतीक्षा का अंतहीन उनींदा प्रहर
साथ-साथ भोगा है हमने
साथ-साथ रमे हैं
सखी मेरे प्राणों की अपनी।

उठकर चल दिए तुम

चल दिए तुम
बह गए आश्विन के सफ़ेद बादलों की तरह
छोड़ गए मुझे शून्य नील नभ की तरह
बैठा रहा शून्यता अगोरे।

तुम्हारे लिए कामना है मेरी कई जन्मों की
सारी आकुल तृष्णा इसी जन्म की
दिन-दिन, रात-रात
शीत, ग्रीष्म, वर्षा, बसंत के
तमाम गुलमोहर अब दावानल की तरह
जल उठते हैं, और सहसा ग्रस लेते हैं मुझे
अकालबोधन इस असमय ग्रीष्म में
भला क्यों छोड़ गए मुझे एकाकी
क्षणों के शून्य बिछावन पर।

क्या तुम इतना भी नहीं जानते थे
शब्द हो, नीरवता हो
मैं तुम्हें प्रत्येक साँस में
अपने भीतर ले जाता हूँ
रक्त, माँस, आत्मा में मिलाता हूँ,
अँधेरे में उजाले में
मेरी माटी की प्रतिमा को
देती है जीवन्यास वह साँझ।

क्या तुम नहीं जानते थे
आकाश, बातास तुम्हारे ही उस पेड़ की डाल से
नन्ही चिड़िया-सा मैं सतत झूलता रहता
प्यासे चातक-सा
बूँद भर पानी के लिए
हमेशा चोंच खोले रहता ?

रत्ती-भर नहीं सोचा
जन्म-जन्मांतर की वह स्नेह-डोर तोड़ दी
चले गए तुम बिना कुछ बोले
खो गए परछाईं-सा आश्विन के बादलों में
मुझे अकेला छोड़ गए
क्षीण बंसी ध्वनि-सा
आकाश के शून्य प्रांतर में।

किस आदिम युग से, पृथ्वी

किस आदिम युग से, पृथ्वी
किस अनजान लग्न से
यह सारा कुछ पसारे बैठी हो मोहिनी
सिर्फ मेरे लिए ?

तुलसी चौरा किनारे
क्षीण प्रदीप संध्या में दमकता चेहरा
साँझ की बाती की महक
नए खिले तारों की गुनगुनाहट
हवा की अनकही भाषा
छाँव, प्रकाश, छाया, स्वप्न, अँधेरा
किस अनंत लग्न से मायाविनी
किस अनजान युग से
तक रही हो मेरी राह, पृथ्वी ?

कहो तो, छोड़ तुम्हें और कौन स्वर्ग है
तुम्हारे बिना है कौन–सा अणिमादि अंष्टवर्ग ?
पेड़ का पीला पत्ता मैं
तुम्हें जानता हूँ, पहचानता हूँ, करता हूँ नमन
और कैसा आसरा, कैसा भरोसा चाहूँगा, पृथ्वी ?
तुम तो युग-युग से, हर युग में हो यहीं
इहकाल, परकाल मेरी, पृथ्वी।

नया साल और बापी[1]

तू तो है अपने सपने में चिरमग्न
अपने ही ख़्यालों में खोया शिशु हमेशा-सा
उतर गया पानी की सीढ़ियाँ सरपट
मानो पानी नहीं, कुतूहल और सपने से बनी
सीढ़ियाँ हों वे तेरे शैशव और किशोरावस्था की।
दौड़ गया किसके लिए बौराया-सा
नीले पानी की शुभ्र सीढ़ियों पर,
पल में संगी-साथी पिकनिक, झाँव वन,
खो गए हम सब अपरिचित नक्षत्रों-से
विस्मृति के सुदूर क्षितिज में।

लहरें खेल रही थीं तेरे साथ
किस जनम से हैं वे दोस्त तेरी
खिला-खिलाकर खेल तुझे बुलाने
जैसे अनंत काल से तक रही थीं राह तेरी
बुला ले जाएँगी और दिखाएँगी तुझे
समुद्र का दुर्निवार चिरशुभ्र प्रासाद नग़र
हम अभागे इधर प्रतीक्षा में बैठे थे
कब लौटेगा तू अपने दारुण स्वप्न से
खेल ख़त्म कर, मुस्कुराता हुआ
पसीने से सराबोर हमेशा-सा।

---

1. कवि के एक अभिन्न मित्र का पुत्र जो समुद्र में डूबकर मर गया था।

(दो)

अनंत प्रतीक्षा के बाद तू लौट आया बबुआ
अच्छा किया, मलिन चाँद अस्त हो गया था
चारों ओर अँधेरे का था साम्राज्य
तू आया पानी की सीढ़ियाँ चढ़
थका-माँदा, मुँह लटकाए
रोज़ाना की तरह वही कुछ ढूँढ़ने की मुद्रा में
तारे टुकुर-टुकुर ताक रहे थे
तेरी माँ की थकी और अश्रुधुली आँखों की तरह
आसमान से चुपचाप झर रही थी कारण ओस
तारे टूट रहे थे प्रकाश-स्फुलिंग बन
अँधेरे की लहरों पर।
चारों ओर सुनसान
अंधेरे से तू इतना डरता जो था !
क्या तुझे डर नहीं लगा बबुआ ?
तू आया और ढूँढ़ने लगा
शून्य रेतीले विस्तार में
टूटे हुए तमाम सपनों के बालू-घर
अपने तमाम अस्तमित दिन-रात
सत्रह ग्रीष्म-वर्षा, पतझड़ शरद शिशिर
तू आया हर दिन की तरह
वही अबोध शिशु बन
और देखा कोई ले गया है
परित्यक्त तट से
तेरी पोशाक, तेरी आशाओं और सपनों की,
सामने पड़ी है योजन-योजन रेत
अँधेरा गुटरगूँ कर रहा है कबूतर-सा
खेलने में कुछ देर हुई इसलिए
हम गुस्से में होंगे,
तभी दबे-दबे क़दमों से आया
अँधेरे से तू बहुत डरता है।

झाँव वन गरज रहे थे साँय-साँय
रो रहे थे आकाश में देव-देवी गण
सिर झुकाए डोल रहा था रेत पर
न जाने क्या कुछ ढूँढ़ता जिद्दी पवन।

निस्तब्ध थी पृथ्वी
हर रोज़ की तरह मूँदे हुए थे आँखें प्रभु
तू आया और चला गया अकेला
कहीं बुरा तो नहीं मान गया
संगी साथी माँ-बाप किसी को देखे बिना
स्वर्गद्वार[1] तक चला गया चलते-चलते
नक्षत्र और नीहारिका, शांत नीला शून्य
नहीं रखा साखी किसी को।

(तीन)

अब यहाँ रास्ता किनारे पेड़ से
झड़ रहे हैं पत्ते
नया साल आता है और
सिर झुकाकर खड़ा हो जाता है पोर्टिको में
न जाने एक कैसी पदचाप के बाद
चारों ओर मँडरा रही है सहमी-सी चुप्पी

अब यहाँ तेरे स्पर्श की तितलियाँ चारों ओर
उड़ रही हैं, बैठ रही हैं निस्तब्ध अँधेरे में
बह रही हैं दीप बन
पास आकर खो जाती हैं पुनः
नये साल की करुण हवा में;
तेरा स्वर सुनाई पड़ता है और
सुनाई नहीं पड़ता

---

1. पुरी का श्मशान।

मानो है विलंबित बंसी की धुन न जाने कितनी दूर से
अमराइयों, नदी किनारे बैशाख की साँझ में;
अब यहाँ तेरी दृष्टि की तितली
उड़ आकर बैठती है
कभी तेरी पहनी हुई कमीज़ पर
कभी पढ़ाई की किताबों की ताक पर तो
कभी जूतों की जोड़ियों और
बैडमिंटन रैकेट पर
फिर वहाँ से उड़कर
हमारी शिरा-धमनियों की रक्त नदी किनारे-किनारे
पालबँधी स्मृति की नाव में।

ख़ामोश रात, कवि

आखिर कहे क्या वह ?
पचास देखता है, पाँच समझता है
लगता है, समझ गया, पर समझ नहीं पाता,
सोचता है, जो कुछ कहेगा वह कहा जा चुका है
जो कुछ बोलना चाहता है
बोलने को रो रहा है भीतर ही भीतर
कभी बोल नहीं पाएगा।

सारी रात उनींदा बैठा रहा
खुद कुछ बोलने से पहले
कान लगाए हुए है सुनने को
तारे क्या कह रहे हैं
आकाश, नीला आकाश, क्या कह रहा है
ओस से भीगे सारे पेड़ क्या कह रहे हैं
प्राणों की पीड़ा आत्मा की गुहारें क्या कह रही हैं
उन्हें सुन लेने के बाद ही तो
वह कुछ बोलेगा।

निशा गरज रही है
जगन्नाथ दास के समय-सी
ी धकियाने में जुटी है
-नन्ही लहरों से रेत को
की छोटी-छोटी घास के झुंड को
रहा है चाँद नदी के पानी को

सूने आकाश को,
बादलों के छोटे-छोटे झुंड को,
किसी सुदूर अंतिरक्ष में
सुन पड़ रही है
किसके रोने की क्षीण प्रतिध्वनि।

सब खामोश हैं
जैसे किसी के जादुई मंत्र से
खो गया है शब्द कबका
मानो किसी को कुछ नहीं कहना,
नदी ताके बैठी है कोई पहचाने
अथाह जल-हृदय की समुद्र-तृषा
आकाश ताके बैठा है कोई पहचाने
कुछ न होने का शून्य अभिमान
अनुच्चरित शब्द ताके बैठा है कोई पहचाने
उच्चारण-अक्षम उसका व्याकुल हृदय।

गरजती जा रही है निशा
बहती जा रही है नदी
छँट चुके हैं नन्हे-नन्हे बादल
क्या कहे कवि
पाँच देखता है, एक भी नहीं समझता
शायद इतना ही कहेगा :
मुझे माफ़ करो,
मुझे माफ़ करो।

कहाँ गए वे लोग

दोपहर
धान की वजनी बालियाँ
सूर्य की किरणों से बोझिल हो
झुकी जा रही हैं,
मानो धान के सिर्फ़ उसी गुच्छे के लिए
निखिलेश्वर सूर्यदेव को थाप दिया हो किसी ने
आकाश के माथे पर,
उफन पड़ा है अलसायी कामना से चिरंतन
क्षण बँधे चले जा रहे हैं इसी क्षण से।

सपना घना रहा है कोमल दूब में
ओस की बूँदें न जाने कितनी सुबह
लौट चुकी हैं सूर्य के पास,
सपना घना रहा है
चौरे की तुलसी की शिराओं में
झर रहा है टुप-टुप कलश से
नदी किनारे पीपल के थरथराते पत्तों में
सपना उफन रहा है, घना रहा है।

पर कहाँ गए वे लोग
वे सभी लोग
देखे थे सपने जिन्होंने
चाँद डूबते समय, तारे उगते समय
सपना देखे आदमी का सपना
उस आदमी को तलाश रहा है

अशरीरी परछाईं-सा
तारे बुझने से पहले निःशब्द जल में,
ब्रह्ममुहूर्त में स्नान तर्पण समाप्त कर
यज्ञकुंड की घृताहुति में,
सपना देखे आदमी की परछाईं
स्रुव स्रूच और ओंकार में।

कहाँ गए वे लोग, वे ही लोग ?
हाट गए ? या युद्ध भूमि, रास्ते की धक्कम-धुक्की
एक दूसरे को चोट पहुँचाते, लहूलुहान करते
हाँफते–हाँफते भस्मीभूत शहर गए ? या
गुलाब को रौंदते इस्पात के हृदय में ?

चाँद और मंगल में जाने की तैयारी में
पैर तले की माटी-माँ का स्पर्श भूल
कागज़, प्लास्टिक चबाते सारे बिजू के
भर रहे हैं खर्राटें दुपहरी में,
सुदूर आकाश से पुराने वायदों की तरह
बादल का प्रणव सुनाई दे रहा है
घास में, पत्तों में घना रहा है सपना
घना रहा है।

बवंडर मँडरा रहा है
नाच रहा है, कूद रहा है,
खुद ही धूल का स्तंभ बन
खुद ही पर ढह रहा है
सपना घना रहा है
झुक जाता है एक-एक घास पर
इसी पल।

पर
पर कहाँ गए वे लोग
सपना देखने में सक्षम
वे निरीह लोग ?

जड़

अब तो तेरी प्रतीक्षा करेंगे
वे लोग यहाँ चुपचाप :
गमला, मन मारे बैठा रुग्ण फूल का पौधा
पिताजी की बेतरतीब पड़ी किताबें
ख़ाली फूलदान
दीवार पर अधबनी तसवीर
ख़ाली-ख़ाली कमरा
चारों ओर तेरे बचकानेपन के दिन-रात
ढेर की ढेर यादें
और लंबी राह रास्ते से द्वार तक।

प्रतीक्षा करेगी, बस कुछ ही देर में
कालेज से थकी-माँदी लौटनेवाली एक लड़की
फिर से मुस्कुरा उठेंगे सभी
उसका हाथ लगने से हुलस उठेंगे सभी।

कई साल लग जाते हैं हम सबको
बाड़ा-दीवार, फूल-फल, पेड़-लता
इन सबको पहचानने में
पहचानने में फूल की मुरझायी आँखें
साँझ का उदास चेहरा
कौवे के काँव-काँव में
गुमसुम स्तब्ध दुपहर
पिताजी की प्रगल्भता, चुप्पी

शब्दों का ज्वार भाटा
साल-दर-साल लग जाते हैं
लंबी है राह रास्ते से द्वार तक।

अब शब्द और स्वर स्मृति होंगे
गूँजेंगे सबके कानों में
अब उलाहने हैं
स्नेह स्पर्श की स्मृति रेखा
झलकेंगे असमाप्त चित्रपट
गमले, फूलदान, ख़ाली-ख़ाली कमरे में।

अब राह तक रहे हैं
दूसरे फूल के पौधे, फूलदान
और किसी की बेतरतीब किताबों की ढेरियाँ
ढेर के ढेर सपने और बिस्तर
किसी और की प्रतीक्षा में किसी दूसरे घर में
तू तो जानता है रे स्नेह का अर्थशास्त्र
कितना ही देने पर भी
बावन भंडार की थाती घटती नहीं
बढ़ती ही जाती है
शुक्लपक्ष के चाँद-सी।

सिर्फ़ है इस रक्तझरा
जड़ उखाड़ने का विषाद क्षण !
कल फिर होंगे नई मिट्टी
हवा में प्रकाश में
नई कलियाँ कोमल पत्ते
क्या तू जानता है, पेड़ है जो
मनुष्य का जीवन है वही
पत्र, फूल, फल नहीं
पेड़ जैसे मनुष्य का गहरा परिचय है
अँधेरी मिट्टी में स्वप्न और ऊष्मा
ढूँढ़ती नन्ही-नन्ही जड़ें।

या देवी

अहरह थरथर
तापित दुनिया
राजमार्ग किनारे मैं अधमरी त्रस्त दूब
अनंतकाल से हूँ धूल में अंतिम साँसें गिनती
प्यास से विवश,
निर्दयी सूर्य जलता है दाँय-दाँय
जलती है प्यास, आकाश है उदास,
बुझ जाते हैं शून्यता में नाहक ही
उच्चारण मेरे शब्दों के
मुरझाया-प्रयास मेरी आत्मा का
तुम आओ
अभ्यासवश अपना
चिरंतन भुलक्कड़पन भूलकर एक बार
बस आ जाओ एक बार ओ देवी।

झरना, नदी, समुद्र, बर्फ़, ओस, बारिश
जिस रूप में चाहो
सबके अनदेखे रात की ओस बन
दबे क़दमों से नववधू-सी आओ
या मेदिनी कँपाती स्वैरिणी सागर बन
अपरिकलनीय लोभों में
आत्मा-सी पवित्र और शीतल बर्फ़ बन
अगोरकर और गाड़कर अपने ही गर्भ में
मेरी अंतहीन प्यास

अपने शीत-श्वेत सपने में।

मेरी अधमरी शिराओं में
उसाँसें हैं मानव इतिहास की लाखों गुहारों की
करोड़ों सूर्य, नक्षत्र, नीहारिका जन्म·और मृत्यु
मेरी सूखी धमनियों में है अनकहा, अनलिखा
तमाम इतिहास
ग्लानि और कामना एवं
भूख और प्यास का।

सदियों से पी-पीकर धूल
मैं हूँ यहाँ जीवन-स्वप्न-पिपासा से दग्ध
हीन अकिंचन
तुम आओ, ओ देवी
नीली आँखे, नीली भौंहें, नीली नाभि, नीला स्तन
नीली योनि, सुनील जाँघ
तुम आओ ओ तृष्णा, ओ रात्रि
ओ भ्रांति, ओ मुक्ति
मुझे मिले नील-स्वप्न, नील-मृत्यु
नील-निर्वापन।

अवांछित

चलने में असमर्थ निर्वाक् पत्थर
झरने का खिलवाड़ करता हाथ
लुढ़काता है, फेंक देता है उसे
कभी कोहनी मारकर
किनारे की हताशा में तो
कभी चूमकर, पूरी तरह अगोरकर
ग्रस लेता है अनिवार्य संगम में।

किंतु वह ख़ुद को समझता है अवांछित।

न जाने किस सुदूर नदी किनारे गाँव में
एक लाडली बच्ची तक रही है राह उसकी
किस दिन लुढ़कते-लुढ़कते रेत बन
पहुँचेगा वह उसके गाँव किनारे
जिससे बह घरौंदा बनाएगी
अपने ही फूल जैसे नन्हे-नन्हे हाथों से।

किसी दूसरे गाँव के शैतान बच्चे
बाट जोह रहे हैं उसकी
जब रेत बन
चमचमाती चाँदनी की पोशाक पहनेगा वह
उसी के सीने पर सिर रखे
नदी शय्या पर लेटे रहेंगे
शून्य आकाश को ताकते हुए।

झड़ने से पहले सूखा पत्ता
दुनिया में सबसे अवांछित समझता है ख़ुद को।

भला क्या जाने वह
ख़ास उसी के लिए असीम धैर्य से
नीचे ताक रही है मिट्टी
न जाने किस अनंतकाल से
उसे अपनी देह में मिलाएगी
अमृत बनाएगी,
जीवन्यास देगी नए बीज को
भेज देगी खेलने
सूर्य, पवन, बादलों की प्राचीन दुनिया में।

और वह शुष्क निर्जीव बीज
सूख-सूखकर निस्तेज हो
राह जोहता है आसन्न मृत्यु की
सोचता है उसके अवांछितपन का अंत हो
समझ नहीं पाता कौन-सा मृत्युहीन स्वप्न
जाग रहा है, स्वप्न देख रहा है उसी के अंदर
मिट्टी में ख़ुद को रोपने पर
पानी का कोमल हाथ एक बार उसकी सूखी
चमड़ी को गुदगुदाने पर
वही स्वप्न अंकुरित होगा, पल्लवित होगा
पत्र, फूल, फल, घोंसलों के कलरव से घना होगा।

कभी-कभी लगता है
मैं ही हूँ वह निर्वाक् पत्थर
वह सूखा बीज
वह झड़ता पत्ता
अपनी काटने को दौड़ती शून्यता में
अपना या किसी और का स्वप्न
यदि अनजाने ही छुपकर स्वप्न देखता है
नहीं है मुझे उसकी तनिक भी ख़बर :
हो यदि इससे परे कोई हे ईश्वर
शायद वह होगा तुम्हें ही गोचर !

चाँदनी में गाँव का श्मशान

नदी की गूँगी रेत पर
लहरा रही है चाँदनी निःशब्द

सब कुछ चुपचाप सुनसान निर्जन
यहाँ तक कि बावले पवन ने भी
साध ली है चुप्पी सहसा।

मानो चाँद, आकाश और गूँगी रेत की तरह
उसने भी लगा रखे हों कान
सुनने को बाँसुरी का स्वर
किसी के क़दमों की आहट आवाजाही के।

लगेगा अभी ही तो थे सभी
क्षण-भर पहले यहाँ
कहाँ ओझल हो गए परछाइयों की तरह,
फिर क्षण में, किसी भी क्षण
परछाईं-सा, अशरीरी पवन-सा कोई आएगा
रेत और पवन कुछ बातें करेंगे।

लगेगा तुम हो युधिष्ठिर
न जाने कितना पीछे रह गया है
पतली धुँध तले
हस्तिना, मथुरा, द्वारिका
नदी किनारा, किसी सपने-सा ग़ाँव और

सोया हुआ घर
बूढ़ा, बूढ़ी, बीमार पत्नी, बाल-बच्चे,
रोग, क्रोध, यंत्रणा
वही सूक्ष्म मायाजाल हमेशा-सा।

आधे रास्ते गहरे खेत में, बालू पानी किनारे
सो गए सहसा अपने भाईगण, प्रिय पत्नी
सामने चाँदी से भी शुभ्र हिमालय
अपना एकमात्र सत्य है अब सामने
एक ही दिगंत।

फिर लगेगा
सचमुच यही है कुरुक्षेत्र
अनगिनत स्वप्न और असंख्य आशाएँ
लाखों क्षोभ, संताप, ढेरों हताशाएँ
मँडरा रही हैं उन सबकी विदेही आत्माएँ
झीने कोहरे में
ख़ामोश है वह चाँदनी-सा
विलाप के सूक्ष्मतम स्वर हैं
हाँफते, संतापित कई वैधव्य के।

फिर छिन में
देखते-देखते लगेगा
यही तो है बैकुंठ
देव, देवी, अप्सरा, रंभा, मेनका, उर्वशी और
ब्रह्मा, शिव, इंद्र, चंद्र, स्वयं विष्णु
स्वरचित माया, सुरभित चाँदनी में
समा गए सहसा
लगेगा कि बैकुंठ का दूसरा नाम है निर्जनता
जिसे अगोरे हुए बहती है
स्मृति और समय की नदी।

नीरवता

महुवा के फूल, एक-एक कर
ख़ुद को अलग कर वृंत से
जब आसन्न अँधेरे की ओर पैर बढ़ाएँ
तुम रोना मत।

आज यहाँ मादल नहीं, एकतारा नहीं
बाँसुरी नहीं, टुइला नहीं,
खड़ी है क्लांत सुबह
दिन की प्रत्येक सीढ़ी पर
मानो आसमान में आज ये जल भरे बादल
गाढ़े-काले, भारी-भारी हैं
जल के बोझ से झुके हुए।

महुवे के फूल नीचे गिरकर सड़ जाने पर
धूल में मिलकर धूल बन जाने पर
तीन चीत्कार से चातक बादलों में छुप जाने पर
सँभाले रखो अपने भीतर का ज्वार
शिरा-प्रशिराओं के अँधेरे समुद्र में
टकराते रहें वे शक्तिहीन क्षोभ *से।

फिर चुप हो जाओ बंद कर लो मुँह;
आहत पवन जब रोये तुम्हारी खिड़की के बाहर
तुम्हारा धाँगड़ा निस्तब्ध परछाईं-सा
अँधेरे में जब खो जाए

दर्मू, दर्तनी कुछ न सुने
तब तुम चुप हो जाना।

सबसे गोपनीय, सबसे दुष्ट और निरीह
सबसे गहरे दुःख के लिए
शब्द कहाँ, कहाँ हैं शब्द ?

इसीलिए तो
सिर्फ़ इसीलिए
महुवे के फूल, एक-एक कर
चिरकाल झड़ ज़रूर जाते हैं
पर एक शब्द तक नहीं कहते कभी।

सूरज

कोई नहीं बुलाता तुम्हें –
"आओ, गिर पड़ो आकर,
मेरे कान्हा की हथेली पर"
वह तो है भाग्य चंदा का
ली है जिसने थोड़ी-सी आभा उधार,
भंडार से तुम्हारे ही।

फिर भी लेने तुम्हीं को हथेली पर
रो रही होती है अंतरात्मा मेरी।

समझ नहीं पाता
रूप है कैसा तुम्हारा,
आभास के एक झोंके से ही तुम्हारे, "ओ दिव्य पुरुष"
साँझ-सबेरे के बादलों में
भर जाती है कैसी अनभूली समृद्धि।
तरह-तरह के फूलों के रंगों में
तितली के चित्रित पंखों में
रात के सपनों में
सपनों की माया में
माया के अँधेरे आह्वान में
है तुम्हारी ही चिरंतन चतुर कारीगरी।

सर्वव्यापी, मायावी पुरुष
आख़िर कहाँ नहीं होते तुम ?

बूढ़ी माँ की मुरझायी आँख में
ओस की ढुलढुल बूँद में
रक्त के तीव्र प्रवाह की अधीरता में
कुआँ-कुआँ की पहली पुकार में
प्रणव ओंकार में
यंत्रणा के विकार में
हर जगह होते हो, तुम ही तुम।

इस ख़ाली मुट्ठी में तुमको ही लेने को
भरती हैं सिसकियाँ अंतरात्मा और अंधकार
कई जन्म, कई मृत्यु फलाँग
चमचमाती है सतत अपरूप सत्ता तुम्हारी ही
हाड़, माँस, हृदय और आत्मा मेरी
जप रही होती है नाम तुम्हारा
पहचानती है तुम्हीं को।

ट्रेन में सुबह

अस्थिर ट्रेन दौड़ती है पागलों-सी,
सैंताती है साँस लेती है,
फिर दौड़ने लग जाती है

सूर्य कोहरे की चादर से झाँकते हैं
तुम चाय पीने को बुलाती हो
सुन पड़ती है मानो पिछले जन्म से
वही आवाज़
बहती हुई आती नन्ही तितली-सी
आँखें मलता हुआ उठता हूँ मैं
किस युग की, किस जन्म की नींद से।

दौड़ी चली जा रही है ट्रेन
अपरिचित गाँव के किनारे से
कौन जाने
कैसा देश है, कैसा युग है वह
ताल के घाट पर दीखती है
अनेक अविवाहित किशोरियाँ और बहुएँ
बेहद उदास चेहरेवाली एक किशोरी
चित्र-प्रतिमा-सी ताक रही है
आकाश की ओर
ताल के दूसरी तरफ़ हाफपैंट धारी किशोर
मछली की तरह
कूद पड़ता है पानी में छपाक से।

सबेरा टूक-टूक हो जाता है
ताल के पानी की तरह
फिर
जुड़ जाता है स्मृतियों-सा
किशोरी की कोमल पलकों-सा।

क्या वह किशोरी तुम हो ?
क्या वह किशोर मैं हूँ ?
"चाय ठंडी हो रही है
मूर्खों की तरह क्या देख रहे हो ?"
शब्द फिर सुनाई देते हैं
किसी जन्म के।

पर इतने में सपना टूट जाता है
भूत लगी ट्रेन
दौड़ी चली जा रही है
न जाने कहाँ !

शब्द

नहीं मालूम मुझे
किस अबूझ भाषा में
देवी-देवता बतियाते हैं आपस में
गोपनीय गूढ़ रहस्य, जीवन और मृत्यु,
साँझ या सबेरा,
नहीं मालूम
वह कौन-सी उच्चकित शब्दलिपि है
जिससे ऋषि-मुनि प्रबोधन देते हैं
अपनी अमर आत्मा को
दुःख-शोक, हँसी-रुलायी की परिधि से परे।

नहीं मालूम वह निर्लिप्त स्वर
जिससे चातक़ बुलाता है बादलों को
तारे बुलाते हैं झिलमिल करती
ओस की बूँदों को
आत्मा बुलाती है रक्तमांस के शरीर को
शब्दहीन क्षणों में, दिन-प्रति-दिन, जन्म-प्रति-जन्म
धूल धूसरित हज़ारों शब्दों की ओट से।

मेरे शब्द में अनंतकाल से मिली रहती हैं
अनगिनत कामनाएँ
और दुःख के तीव्र कोलाहल
मेरी भाषा में पड़ी रहती है
सभी छोटी-छोटी आशा और आकांक्षाएँ

व्याप्त दुःख की तरह मध्यवित्त परिवार
असीम अशांति और क्षोभ की तरह
तारे बुझे आकाश में
गुनगुनाहट भरी स्मृति का सबेरा।
मेरी भाषा दादी माँ का पानदान है
सातपुस्तों का
अँगुलियों का चूना लगते-लगते
अँधेरे में, यातना में, विषाद में
आत्मा की तरह, आशा की तरह
मंत्र की तरह
सफ़ेद फक्क दिखता है
मेरे शब्द में पूर्वजों की सभी आशाएँ,
सारी रुलाई
हुँकार, रिरियाहट, टपटपाहट, गुनगुनाहट,
स्मित, हँसी, थमी साँस की धड़कनें
समुद्र में नदी के साथ मिलती हैं।

मेरा शब्द तो अंतिम बसंत की
अप्रतिम कोयल की खो रही अधमरी कूक है
मेरी भाषा तो गूँगे बहरे शिशु का
सूर्य-दग्ध मिट्टी में ख़ुद को रोपकर
देवताओं के अज्ञात बैकुंठ की ओर
अनंतकाल से पसरा हाथ है।

गरमी की शाम का दृश्य

अंधे चरवाहे युवक का
कोमल, करुण बाँसुरी स्वर
ठुकर-ठुकर घुटरुन चलता है :
डूबते सूरज को
अपनी काँपती अँगुली से
स्थिर कर छू लेता है और
गुनगुनाते हुए कहता है :
तो फिर चलता हूँ ? ठीक है, लेकिन कल
जल्दी ही आना।

इतना कहते ही न जाने क्यों
उसका स्वर और भी एकाकी और भी रुआँसा
सुनाई देता है
मानो इस विदाई से अंदर-ही-अंदर वह
टूट चुका हो
नदी के पानी में साँझ की हवा से उठती
नन्ही-नन्ही लहरों पर
वह स्वर झुक जाता है
आँसू बहाता है।
अंधे चरवाहे युवक की
अंधी बाँसुरी का स्वर
अँधेरे को सबसे अधिक पहचानता है :
उन गूँजते स्वरों की निर्जन लहरों में

पृथ्वी धीरे-धीरे डूब जाती है
सुनसान आकाश में तारे रह-रहकर
उसी की आँखों के आँसू की बूँदों की तरह
झिलमिलाते हैं।

बाहर का दरवाज़ा

उस ओर निरंतर आवाजाही लगी रहती है
कभी हताशा से, ख़ुशी से, आसक्ति से, क्षुधा से
तो कभी क्षोभ से
थकान से, पछतावे से।

एक चेहरा
बाहर आवाजाही कर रहे लोगों को,
अँधेरे, जुगनू, बाँस के झुरमुटों को
देखता रहता है
और दूसरा
हँसी-रुलाई रोग-विरोग नाना पीड़ाओं के
समुद्र में डूबते-उतराते,
कुछ दिनों के लिए इकट्ठे
एकजुट लोगों को देखता है
शिशु शावकों को सँभालकर रखता है।

शत्रु राज्य के सीमान्त पर
एक आंतरिक स्मृति स्तंभ है।
उसी की फाँक में उँगली दब जाती है
ख़ून लगा होता है
ग़ैर-होशियार बचपन के पन्ने पर
स्कूल न जाने के लिए
उसे जकड़े हुए
कैशोर्य खो जाता है

असफल प्रयास में;
जलती दुपहरी में वहीं खड़े रहने पर
गीत गाते पंडे, सँपेरे, भिखारी, जोगी
छाया की तरह आकर
छाया की तरह अंतर्धान हो जाते हैं
दूर चले जाने पर
माँ की तरह जोहता रहता है वह
लौटने की राह।

बसंती हवा बहने पर
हर साल उसकी सूखी धमनियों में
पृथ्वी का आदिमतम स्पंदन सुन पड़ता है
उसकी वह बेचैन विह्वलता पहचानता हूँ,
उसका अद्भुत लालच पहचानता हूँ
लगता है
थोड़ी ही देर में पूरा बदन भर जाएगा
महमह ख़ुशबू फैली
आम के बौर से
कोयल का उचाट स्वर गूँजेगा
प्रत्येक मृत जीव कोष में।

चूल्हे के पास, भात की थाली में,
बिस्तर पर
स्वर्ग-नर्क
कभी-कभी झलक उठता है,
अंदर तरह-तरह के खुसुर-फुसुर शब्द
सुनाई देते हैं
प्रकाश में, अँधेरे में
दबी रुलाई से लेकर
किलकारी भरी हँसी तक में
स्नेह की कोमल चाँदनी से लेकर
सर्वग्रासी क्रोध के दावानल तक

फुँसकार से लेकर हुँकार तक
रण दुंदुभि से लेकर गायत्री मंत्र तक
अँधेरे अनंत शून्य में अंधी पृथ्वी के घूमने-सा
ऋतु-चक्र घूमता है
धूल के किले में
आहार निद्रा मैथुन
स्वप्न और हताशा की निर्मम ताड़ना में।

एक दिन दादा जी उस ओर
छाया की तरह गए सो गए
फिर नहीं लौटे
दूसरे लोग उनके राजकाज का इतिहास
अब भी पढ़ सकते हैं
आम की सूखी लकड़ियों के
उन भागवत-पृष्ठों पर।

यात्रा तेरी लंबी हो

(एक)

अभी-अभी तो धरती माँ की छाती पर
डगमगाते पैर जमाए हैं तूने
बस अभी देहरी लाँघ पैर बाहर रखे हैं,
वहाँ से नक्षत्र तक, कल्पित स्वप्नलोक तक
रास्ता लंबा है
रास्ते में तमाम नदी-नाले, पहाड़-जंगल
बाघ-भालू, यक्ष-रक्ष, किन्नर-असुर हैं।

पीछे पलटकर मत देखना
नक्षत्र कभी नहीं होता पीछे
मृगया को सिर्फ़ झूठी माया समझ
संदेह मत करना
मायावी मृग से बढ़कर सच
हमारे नसीब में नहीं होता
धनुष-बाण लिए उसी स्वर्ण
मृग के पीछे ही दौड़ना।

(दो)

वह मायावी मृग, वह नक्षत्र
वह वांछित साम्राज्य, वह स्वप्नलोक
शायद इस जन्म में न मिलें,

संभव है, वैसा साम्राज्य सदा
कवि का मनगढ़ंत कल्पना विलास हो,
फिर भी याद रखना
वैसा स्वप्न न होता तो
भला तू क्यों डग बढ़ाकर, चौखट लाँघ
अनंत आकांक्षाएँ लिए इतनी बेसब्री से
आगे-आगे बढ़ता ?

(तीन)

रास्ते में मिलेगी वही राक्षसी बुढ़िया
जो आग में पैर झोंके
युग-युग के पत्थर-सी पड़ी होगी
पर वह तुझे बता देगी
आगे जाने का मंत्र
ढेरों बाघ भालू
साँप और राक्षसों को पराजित कर
आगे बढ़ने का मंत्र
हुत्हुत् जलते बड़वानल
अंतरात्मा का क्रोध बुझाने का मंत्र,
उसकी बातें ध्यान से सुनना,
भूल मत जाना
याद रखना राक्षसी बुढ़िया ही
सारे गुप्त रहस्यों की खान है
उसके मंत्र ही तेरे सीने के
सूक्ष्म स्वर हैं।

(चार)

कभी-कभी लगेगा
शायद तू पहुँच गया
उस वांछित साम्राज्य में।

चैत की सुबह की लुभावनी
मंद-मंद ठंडी हवा में
चुप होने से पहले
कोयल की अंतिम कूक में
लगेगा, तू पहुँच गया,
जेठ की शाम
किसी अनजान दूरी से
बहकर आ रही
मदमस्त बाँसुरी की धुन में
लगेगा यही तो है वह साम्राज्य,
नीला-हरा, नीला-हरा
धान की क्यारियों के समुद्र पर
झुक आए रोते हुए बादल के साथ
एकात्म होने पर
बारिश में भीगते हुए लगेगा
मायावी मृग को तू सहलाने लगा है
अपने हाथों से,
प्रथम प्रेम की उच्छवसित बाढ़ में
बहते समय
तेरी प्रेमिका की कोमल चंद्रकिरण-सी आँखें
तुझे किनारे लाकर छोड़ जाएँगी ...
तू सोचेगा, यही तो है वह कल्पना-लोक
लेकिन क्षण-भर में
न जाने किस माया से
अंदर से सुनायी देगा एक स्वर–
नहीं, यह नहीं, यह नहीं
फिर तू आगे बढ़ता जाएगा
जी जान से भागेगा।

रास्ता जल्दी ख़त्म होने की
हड़बड़ी मत मचाना
वांछित साम्राज्य जल्दी आ पहुँचे
इसके लिए अधीर मत होना।

(पाँच)

रास्ते में नकली राक्षसों को देख डरना मत
न डरा तो देखना
वे स्वतः अदृश्य हो जाएँगे
झूठे देवताओं को
मन की बातें खोलकर मत कहना
वरदान मत माँगना
वे तो हमेशा से असमर्थ हैं, पंगु हैं।

सूर्यकिरण से तेरे बदन की कोमल चमड़ी
पहले तनकर फिर धीरे-धीरे
शिथिल हो जाने पर
चाँदनी से रक्त में आग लगकर
फिर बुझ जाने पर
फूलों की महक से अस्थिमज्जा
असहाय नन्ही नाव की तरह
हिचकोले भरते हुए किसी दिन
समुद्र की रेत में ऊँघने पर
मन मारकर बैठना मत।
सब कुछ खत्म हो गया,
जरा ने ग्रस लिया, मत सोचना।
याद रखना
श्लथ त्वचा ही मृत्युहीन सपने का
एक और उच्चारण है
हवा में उड़ती राख ही
आग का वास्तविक परिचय है
गतिहीन टूटी नाव ही पकड़े रहती है
समुद्र के नाभिकेंद्र की
उतावली लहरों की द्रुत लय और ताल।

(छः)

कभी-कभी मन में शंकाएँ उठेंगी
नहीं, अब सूर्यास्त से पहले
वह कल्पित साम्राज्य नहीं मिलेगा
वह मायावी मृग पकड़ में नहीं आएगा
तब याद रखना
सीने के भीतर हर धड़कन में
उस मायावी मृग की शुभ्र कुलाँचें हैं
हर रक्तकण के प्रवाह में
उसी का अलंघ्य आवाहन है
याद रखना, यात्रा के पग-पग पर
वही वांछित साम्राज्य है
आँसुओं की हर बूँद में,
प्रत्येक विषाद में, हर आह्लाद में
हर सिहरन में, उल्लास में,
प्रत्येक ग्लानि की गूँज में
वर्षीले आषाढ़, प्रज्वलित जेठ में
उन्मादी फ़ागुन, उदास चैत में
प्रत्येक खिल रही आशा में
हर निर्वाक् हताशा में।

इसलिए सामने जो पाना
ले लेना, पीछे मत खिसक आना
दूर रहने की बात मत सोचना
सबको उठा लेना
गोद में ले लेना, अपना लेना
हाथ फैलाकर, चोंच बढ़ाकर
अमृत हो, हलाहल हो
चख लेना, पी लेना
पश्चाताप के लिए बाद में समय आएगा
तब समझ लेना

जीवन असंख्य पश्चातापों के सिवा
और है ही क्या।

पश्चाताप : जो असह्यय क्रोध शिराओं में
स्नायु में, ब्लाटिंग पेपर में,
स्याही की तरह सोख गया
पश्चाताप : कंजूस यक्ष की खूब सँभालकर
रखी चिट्ठी-सा
जो स्नेह प्यार आश्विन आकाश में
हल्के बादल-सा हवा में
कहीं बह गया
जो चिट्ठी
लिखी न जा सकी
जो बात
कही न जा सकी
जिस सपने के लिए
रात कम पड़ गई
जिस दृश्य के लिए
दिन छोटा पड़ गया

उस दिन समझेगा सारा जीवन
असंख्य पश्चातापों के सिवा
और है ही क्या।

निष्ठुर

याद है
अरबी के पत्ते से
फिरकी (टिकुली) पकड़कर उससे छेड़छाड़ की, तो
अनजाने में ज़ोर से दबा देने पर
फिरकी मर गयी।
उसकी दोनों खुली आँखें
मुझे इस तरह ताकती रहीं
कि आँखों से आँसू नहीं सूखे,
रात-भर नींद नहीं आयी।

यह थी एक मुद्दत पहले की बात।
अभी हाल ही में कल मेरा छोटा बेटा
तितली के पंख खींच रहा था, कि वे टूट गये
फिर वह उड़ नहीं पायी
आसमान से गिर पड़े चित्रित व्योमयान-सी
घिरघिराकर शांत हो गयी
सुबक-सुबक कर रो रहे बच्चे को समझाना
आसान नहीं था।

यही देखा है दूसरी जगह
आँधी आती है, पेड़ उखाड़ती है,
तोड़ डालती है शाखा-प्रशाखाएँ
फिर शायद इन ढेर सारे दुःखों,
किलबिलाहट, तहस-नहस को

देखकर शान्त हो जाती है,
पेड़ों के रक्तस्रावी घावों को
फूँकने लग जाती है हवा,
आँधी-बरसात में
आँखों की पुतलियाँ फैलाये
मरे पड़े गाय-बैल, चिड़ियों को
करुणार्द्र हाथों से सहलाती है,
काला मुँह करके चिड़िया, पशु-पक्षी, मनुष्य
सबको डरानेवाला राक्षस आकाश
कितनी सुंदर नीली आँखें, नीला मुँह किये
श्रीकृष्ण की तरह
शान्त-स्थिर मिट्टी की ओर पुनः देखता है।

हमें संसार के अरबी पत्ते में दबाकर पकड़े हुए
मायाजाल में लपेट-बाँधकर
रुला-रुलाकर
तुम कहीं भी क्यों न रहो, प्रभु
क्या तुम भी कभी-कभी इसी तरह
विचलित नहीं हो उठते ?
क्या तुम भी छुपा-छुपाकर नहीं बहाते आँसू
अपनी अनिच्छाकृत निष्ठुरता पर ?

एक सितारवादिका के लिए

सफेद उत्तरीय ओढ़े
तुम हो उदास शरद आकाश
पलकों में तुम्हारी झूलती रहती है स्तब्ध गोधूलि
थिरक उठता है नीले मोरों का मुग्ध रास।

सारे तारे हैं अँधेरे की गहरी जड़ें
तुम्हारी द्रुत अँगुलियों को पकड़े रखने की
जी-तोड़ नाकाम कोशिश कितनी निष्ठापूर्ण है।

तुम्हारे तनु के वक्र आकाश के
तरल दिगन्त पर
वृक्षदोहद मुद्रा में टिककर
प्रलुब्ध सितार रोता है
रोता है और धीरे-धीरे विलीन हो जाता है
गोधूलि के अन्तिम प्रकाश-सा।

मैं अवाक् ताकता रहता हूँ
कब तुम्हारे जादुई स्पर्श से
अनजानी माया से
सूखी लकड़ियों में कोपलें फूटेंगी, फूल मुस्कुराएँगे।

अनाथ तारों को तुम्हारे छूते ही
आकाश काँप उठता है
निस्तब्ध मेघ मल्हार में

विलम्बित स्वर हंस बन बह जाता है
सूर्यहीन अतल नदी में।
तुम्हारी आत्मा की निःशब्द
त्रस्त मृग देखता है कण्व-आश्रम में
बादलों के उस पुराने रुलाई-भरे स्वर में
फिर से वसन्त आया है
चारों ओर है रंगों की होली और मधुमक्खियाँ।

स्वर

कभी-कभी उस आदमी को
सहसा सुनायी पड़ता है एक स्वर।

अँधेरी रात में एकाकी
घर लौटते समय रास्ते के मोड़ में
सुनाई पड़ता है न जाने किसका स्वर
अति सूक्ष्म धीमी पुकार,
अपने स्वर-सा सुनायी देता है
मानो पुकार रहा हो कोई
खड़े हो पिछले जन्म की नदी किनारे।

सुबह फाँसी चढ़नेवाला आदमी
आधी नींद गहरे सपने में
सहसा सुनता है स्वर
बिजली और काले बादलों का
अदृश्य आकाश आकर
फुसफुसाकर बातें करता है,
याद आ जाती हैं
अतीत की सारी बातें
जीवन का स्नेह, श्रद्धा।

फिर नहीं होगी कभी कहीं
बेटा-बेटी नाती-नतनी और स्मृति
कुहासे में खोते समय,

साँझ के तारे को देख
दोनों आँखें आँसुओं से भरी होने पर
स्वर सुनाई पड़ता है
उस वेगवती अश्रु नदी का
बह जाती है जो आँखों के पर्वत से
होंठों के समुद्र तक
कितनी तेजी से।

और कभी दफ्तर में
किसी अनजाने गाँव से आए
हल-जुती क्यारी-सा चेहरे वाले
बूढ़े की शिकायत भरे स्वर में
मानो हो बज्रघोष
दफ़्तर की दृढ़ पृथ्वी हिल जाती है
जैसे भूकंप में निर्जन द्वीप
काँपता, थर्राता है प्रलय में।

समुद्र

समुद्र का कुछ भी ख़त्म नहीं होता।
मानो अपनी अबूझ भाषा में
कहता रहता है
जो भी कुछ ले जाना हो ले जाओ
जितना चाहो ले जाओ
फिर भी रहेगी बची देने की अभिलाषा।

क्या चाहते हो ले जाना, घोंघे ?
क्या बनाओगे ले जाकर ?
क़मीज़ के बटन ?
नाड़ा काटने के औज़ार ?
टेबुल पर यादगार ?
किंतु मेरी रेत पर जिस तरह दिखते हैं
उस तरह कभी नहीं दिखेंगे।

या खेलकूद में मस्त केंकड़े ?
यदि धर भी लिया उन्हें
तो उनकी आवश्यकतानुसार
नन्हे-नन्हे सहस्र गड्ढों के लिए
भला इतनी पृथ्वी पाओगे कहाँ ?

या चाहते हो फोटो ?
वह तो चाहे जितना खींच लो
तुम्हारे टी.वी. के बगल में

सोता रहूँगा छोटे-से फ्रेम में बँधा
गर्जन-तर्जन, मेरा नाच गीत, उद्वेलन
कुछ भी नहीं होगा।

जो ले जाना हो ले जाओ, जी भर
कुछ भी ख़त्म नहीं होगा मेरा
चिर-तृषित सूर्य लगातार
पीते जा रहे हैं मेरी ही छाती से
फिर भी तो मैं नहीं सूखा।

और जो दे जाओगे, दे जाओ ख़ुशी-ख़ुशी
पर दोगे भी क्या
सिवा अस्थिर पदचिह्नों के
एक-दो दिनों की रिहायश के बाद
सिवा आतुर वापसी के ?

उन पदचिह्नों को
लीप-पोंछकर मिटाना ही तो है काम मेरा
तुम्हारी आतुर वापसी को
अपने स्वभाव सुलभ
अस्थिर आलोड़न में
मिला लेना ही तो है काम मेरा।

तुम क्या जानो

सूर्य और बादल के हमेशा के मित्र
हरे पत्तों से मंडित हो
तुम क्या जानो
उत्तरी अक्षांश के इस पेड़ का इतिवृत्त ?

तुम क्या जानो
मेरे ही रक्त की लाल आभा
मेरे ही सुनहरे सपने, तँबीले क्षोभ
जल उठते हैं शरद ऋतु के पत्तों में,
अलविदा कहने से पहले
रोते-बिलखते माटी में लौट जाने से पहले
किस तरह सजा जाते हैं वे मुझे
नई नवेली की रंग-बिरंगी पोशाक से ?

तुम क्या जानो
मेरी उस पत्रहीन,
परछाईं की हताशा ?
देह भरं में सफ़ेद बर्फ़ की ज़रदोज़ी
कंठ में सुनसान श्मशान की घुप्प तपस्या
असंख्य पत्रों का शवदाह।

क्या तुम पहचान पाओगे
मेरे ही जापाघर में
नई कलियों की किलकारी भरे हरे शब्द ?

"मैं आई, मैं आई" वाले
वे उच्चाट मंत्र-उच्चारण
फिर एक बार सूर्यदेव का आवाहन, प्राण-प्रतिष्ठा।

तुम तो हो हमेशा हरे-भरे
घने पत्तों और चिड़ियों के गीतों से
सदा बोझिल दशहरा-शहर
तुम कैसे समझोगे
मेरा दु:ख, मेरा सपना
मेरी सिसकियों का निर्जन प्रहर।

गाँव का ऑपेरा

निर्वासित रानी, नन्हा राजकुमार
हैं जंगल में।
सेनापति के षड़यंत्र से
हो चुकी है हत्या राजा की
गाँव के लोगों की आँखों में है गहरा विषाद
पर रानी को पेट्रोमैक्स की ओर ताकते हुए
अपने दुर्भाग्य और घने अँधेरे को
संबोधित करते देख
अगली पंक्ति में बैठे हम बेवकूफ़ बच्चे
खिलखिलाकर हँस पड़े
कान उमेठे गए थे हमारे।

एक युग बीत गया तब से
पर अब समझ चुका हूँ
भाग्य उजाले की ओर ताकने पर भी
अँधेरा देखने में ही सार है
भाग्य है एक दुःस्वप्न
कोमल सपने में देखे
रक्तपात, षड़यंत्र और ईर्ष्या का
भाग्य है मुखौटा लगाए नाच देखना
विध्वस्त छिन्न-भिन्न वर्तमान का।

पुरातत्त्व

नहीं ढूँढ़ पाए हैं उ त्तर
अब तक विज्ञ पुराविद्
कौन बुला ले गया था उन्हें
उनकी शहरी सुरक्षा से देशांतर :
आम्र मंजरियों की उन्मादित महक
या उससे ऊपर विराजित
नीले आकाश का चाँद।

और ठीक कब ?
बगल वाले घर में रह रहे मुनीमजी की
हँसमुख लाडली बिटिया के जन्म के समय
या वह घर छोड़ रोते-रोते
अपने सुसराल जाते समय।

इस तरह बड़े मज़े में था
वह घोंघा अपने शहर में
दस गुना आठ हाथ के कुंड में
भाई, बंधु, बीवी, बच्चों के साथ,
देखे थे तरह-तरह के जनम-मरण
मेले, उत्सव, आनंद, यातनाएँ
ज़रा-सी बेंगची से लेकर असंख्य जीवन
देखे थे नन्ही-नन्ही मछलियों के
दौड़ने-दौड़ानेवाले खेल
कभी-कभी दूर से आनेवाले

उदास मुनीम की परछांई पड़ती पानी में
टुप्‌टुप्‌ झरते थे पीले
आम के पत्ते, सूखी आम्र मंजरियाँ।

न जाने क्यों कुंड के कैसपियन झील-किनारे से
गंगा या गोबी मरुस्थल की ओर
अपने घर से की थी प्रारंभ यात्रा
उसने और उस जैसे कुछ अन्य ने
जल-कुंड के काई लगे सीमेंट से
माटी, माटी से आम-पेड़ के तने को
पकड़े हुए रोते, घिघियाते, घिसटते हुए
एक-एक डग उत्तरण
इत्ते-से धुकधुकाते माँस के
प्रत्येक कोष में भर गयी थी शायद
आम्र मंजरियों की महक,
बेसुध करनेवाली चाँदनी।

अब तक परेशान हैं पुराविद्
ढूँढ़ते-ढूँढ़ते उत्तर
आम के तने पर उस आधे दर्जन
घोंघों के देशांतर का रहस्य
उस ऐतिहासिक यात्रा का आदि-अंत।

डरता है मौत से वह आदमी

डरता है मौत से वह आदमी
लेकिन वह डर काली बिल्ली के मुँह में
भयभीत चुहिया का
छिन्न-भिन्न हो जाने का डर नहीं,
वह डर है सामना करने का
एक ऐसे सुदूर प्रसारी अजेय कुहासे का
जिसे चीरकर कुछ देखना संभव नहीं
न आगे, न पीछे, न ख़ुद को
सामने सिर्फ़ पसरा होगा
स्वप्नहीन, स्मृतिहीन, अमूर्त समय।

था जब तक
न जाने क्या कुछ ठूँसे रखता था
यहाँ-वहाँ सहेजकर रखता था :
बचपन के समुद्र किनारे के घोंघों से लेकर
बड़े दिन की तरह-तरह की दलीलें तक,
प्रेमिका की नीली चिट्ठी से लेकर
सीने की संदूकची में सपने तक
मन के छोटे-छोटे कोटरों में नक्षत्र नीहारिका से लेकर
शब्द में जड़े क्षोभ, उन्माद, आँसुओं तक।

डरता है मौत से वह आदमी
कुछ याद नहीं कर सकता अब वह पिछली बातें
तमाम सूर्योदय, सूर्यास्त, कातरता

समस्याएँ, पसीना, हँसी, दुःख, लाखों अधीरता
स्मृतियाँ न हों तो समय जो नहीं होता
समय न हो तो सत्ता नहीं होती
बेहद डरता है वह आदमी
उसी समयहीन असत्ता से
अपनी अंतिम असहायता से।

डरता है मौत से वह आदमी
नहीं होगा अब स्थान उसके जीवन में किसी का
पत्नी पहले की तरह संझा-बाती करके
भगवान के आगे सिर झुका रही होगी
बेटा हड़बड़ी में कुछ खा-पीकर
अपनी नौकरी पर भागा जा रहा होगा
नतनी ढुलमुल डग बढ़ाती
चलती चली जा रही होगी
भात परोसा जाकर सूख रहा होगा,
सितार में मालकौंस बज रहा होगा
आकाश में तारे, पेड़ पर सोनचिरैया
पुकार रही होगी
पर वह नहीं होगा।

चाँदनी से भीग चुकी होगी सारी पृथ्वी
रात की नदी के प्रवाह में
बहे चले जा रहे होंगे कुछ नक्षत्र
पवन फूल भरे पौधों को गुदगुदा रहा होगा
वर्षाकाल के लिए खाद्य लिए
चींटियों की लंबी कतार जा रही होगी
पर वह नहीं होगा।

डरता है मौत से वह आदमी
इसीलिए कि
उसका अपना कुछ नहीं रह जाएगा

खो बैठेगा वह हर चीज़ का अधिकार
अपना, अति अपना समझ
वह कुछ छिपाकर नहीं रख सकेगा
छीन लिया जाएगा सब कुछ उससे :
उसकी व्यक्तिगत चिट्ठियाँ, उसकी डायरी
उसकी बेंत, उसका चश्मा, उसकी पोशाक
उसके ध्यान-विचार, उसका मुँह, उसकी नाक
अपने अनजाने ही क्षण में हो जाएगा सबका
पर वह आदमी उसमें एक शब्द तक नहीं कह पाता।

डरता है मौत से वह आदमी
डरता है सीने के नीचे के
उसी अंतिम डर से
संबंधहीन, स्मृतिहीन, शब्दहीन
समय से परे उसी असमय से।

रास्ता

सुनसान रास्ता देखने से लगता है मानो वह
मेले में खोया बच्चा है ढूँढ़ रहा है किसी को
लगता है उद्‌गम-स्थल है जो खो गया है कहीं पीछे
लगता है लक्ष्य स्थल है जो शायद कहीं आगे है
लगता है ढूँढ़ रहा है वह ख़ुद को, अपनी लक्ष्यहीनता को।

रास्ता ज़रूरी है
कभी मुक्ति की तलाश में
दुःखदायी संसार से, अनगिनत पीड़ाओं से
और कभी नन्ही चुहिया की तरह भागने को
मृत्यु के कलूटे-बिलाव के खुले मुँह से
भय का चाबुक खाकर, सहकर भूख की ताड़ना
हाड़-मांस के पिंजरे के दुर्जेय दुःख से।

सभी तलाशते हैं रास्ता अपने-अपने ढंग से :
मिट्टी-तने केंचुआ, समुद्र में कोलंबस
ज़िद्द शब्दों के घेरे में कवि
चक्रव्यूह में अभिमन्यु
तरह-तरह की यातनाओं में बुधिया नाई
बोधि-तले बुद्धदेव
नीले अँधेरे के शून्य में एकाकी नक्षत्र।

साँझ के आकाश में घर लौटती चिड़िया
रास्ता, रास्ते के मील के पत्थरों के निर्देश नहीं ढूँढ़ती चलती;

आनेवाले कल की यात्रा के लिए संकेत नहीं छोड़ती
बल्कि बनाती चलती है रास्ता डैनों के कंपन से
मिटाती चलती है रास्ता शून्य-नीली सिलेट पर।
लगता है रास्ता हर जगह विद्यमान है निरंतर
पर रास्ता कहीं भी नहीं
हर स्थान, शून्य स्थान है,
रास्ता कहीं नहीं।

और कभी लगता है
पंख झाड़ते ही रास्ता है
डग बढ़ाते ही रास्ता
मन की चौखट लाँघते ही रास्ता है
कोई शब्द कहते ही रास्ता।

रास्ता तो बस समय की परछाईं है
पल-भर में
शून्यता में ही घुल जाता है ओस की तरह
रास्ता जो स्वयं ही एक अशरीरी राहगीर है।

रास्ता महाशून्य को
बूँद का साष्टांग प्रणाम, विनम्र निवेदन है,
रास्ता महाकाल को क्षणों की
अंजुलिबद्ध पुष्पांजलि है।

चूल्हे की आग

न जाने किस अनंतकाल से
जलाए बैठे हैं अपना चूल्हा सूर्यदेव
बेसुध गहरे ठिठुरन-भरे अँधेरे में,
वहीं से इत्ती-सी आग ले
माँ वसुधा ने
उपजाए हैं कितने स्नेह से, चाह से
पहाड़ नदी, पहला जीवन-स्पंदन
महाद्रुम, पशु-पक्षी, मनुष्य, गुल्म, लताएँ।

माँ वसुधा से रत्ती भर आग
माँग ली है ऋत्विक ने
यज्ञकुंड में किया है आह्वान
अपरूप सुंदर स्वयं अग्निदेव का,
उन्हीं के आशीर्वाद से
मेघ ने दिए हैं श्यामल शस्य
अन्न में सनसना उठी है
रक्त-मांस से शरीर की तोतली बोली
जड़ पसारे है आत्मा की अस्फुट, गोपनीय भाषा।

छप्पर उड़े, टूटे-फूटे घर में
माताओं ने जलाए हैं चूल्हे
अग्नि-संगीत से उसी के पास
सो गई है पुस्सी बिल्ली
भूख दुगुनी करते

खदबदाकर खौल उठे हैं चावल
उसी चूल्हे-किनारे संस्कृति ने तापी है आग
कठोर हुई है, कोमल हुई है
मनु-संतानों ने हाथ बढ़ाकर
छुए हैं तारे, छुए हैं चाँद।

अब तुम लेकर आग उसी चूल्हे से
फैलाओ मत दावानल,
ऊँची-ऊँची लपटों में धधकाकर
जलाओ मत पलक झपकते
गाँव, क़सबे, मंदिर और मस्जिद
विश्वास की विरासत
आकाश और पाताल।

●●●